Stefanie Sohr und Volko Lienhardt

DIE ULTIMATIVE BUCKET LIST FÜR Hamburg

BRUCKMANN

Inhalt

Must-Eats

Up'n Swutsch

Landpartie

Extra für Neu-Hamburger

Keine halben Sachen

Deine Bucket List für Hamburg

Gleich hinter dem Ozean, kurz vor Skandinavien, spannt sich der Himmel strahlend grau über die Piratenbraut unter den Städten. Hamburg. Tor zur Welt. Hammonia. Freie und Hansestadt. Seemannsgarn und Alsterdiamanten. Heimathafen für bummelig zwei Millionen Menschen aus 160 Nationen. Manche wollten nie woanders leben. Andere mussten eine wahre Odyssee hinter sich bringen, bis sie hier endlich den Anker setzen konnten.

Ab und zu ist ihnen selbst nicht ganz klar, warum sie nicht nach Berlin wollen. Weshalb sie sich ausgerechnet und immer wieder für das raue Klima einer Stadt entscheiden, von der ein englischer Reisender um das Jahr 1800 mal gesagt haben soll: »Die erste Voraussetzung für irgendwelche bauliche Schönheit in Hamburg wäre ein großer Brand.«

Aber letztlich ist das allen echten Hamburger:innen egal. Sie belegen trotzdem traditionell die oberen Plätze im deutschen Glücksatlas. »Trotzdem« ist überhaupt eine Lieblingsvokabel an der Elbe. Hat man keine Berge, lässt man sich eben auf den höchsten Türmen den Wind um die Nase wehen. Kann man nicht singen, schmettert man eben Seemannslieder, die für Reibeisenstimmen gemacht sind. Kommt mal wieder was auf den Tisch, das seltsam duftet oder aussieht, nimmt man das Ganze als Mutprobe. Spielt das Wetter nicht mit, macht man's sich drinnen muckelig.

Und während man gerade noch *trotzdem* etwas macht, spürt man irgendwann – die eine früher, der andere später –, dass eben darin das größte Vergnügen liegt. Das ganz spezielle Geheimnis von Hamburg. Es ist eine Typfrage, natürlich. Man muss es mögen, gegen den Strom zu schwimmen, liebend gern gegen den Wind zu laufen oder gegen die innere Uhr anzugehen. Für Schönwetterfans ist das nichts. Für echte Hamburger Jungs und Deerns hingegen ein Klacks.

Viel Spaß dabei,
Stefanie Sohr

Moin Hamburg!

In Hamburg,
an der Elbe,
gleich hinter
dem Ozean

1

Auf große Fahrt gehen. Allein.

»He lücht (er lügt)«, rufen Passagiere, wenn Barkassenführer flunkern. Doch manchmal sind sie so überzeugend, dass die ganze Welt ihnen glaubt.

Große Pötte, kleine Pötte

Gut 100 Kilometer von der Nordsee und knapp 100 Kilometer von der Ostsee entfernt liegt der Hamburger Hafen. Zugereiste nennt man hier »Quiddjes«. Das ist nicht despektierlich gemeint, aber theoretisch ein lebenslanges Label. Praktisch sieht die Sache anders aus. In der Freien und Hansestadt ist nämlich nicht nur das Wetter eine reine Einstellungssache. Wers nicht glaubt, kann sich davon überzeugen. Idealerweise an einem eisbonbonblauen Morgen ...

Wenn die Möwen hoch am Himmel kreischen und im Hafen die Schiffe tuten, dann muss man an die Landungsbrücken gehen. Nicht nur, weil der Wasserbahnhof unten am Fluss zu den wärmsten Orten der Stadt gehört und die Elbe glitzert, als sei sie die See. Sondern auch, um ausnahmsweise »Jo« zu rufen, wenn eine Reibeisenstimme fragt: »Na du, willst du nicht mal wieder mit auf große Fahrt?«

Seemannsgarn spinnen gehört zum guten Ton

Eine Hafenrundfahrt ist eben doch etwas anderes als die Sparfuchs-Tour mit den Hadag-Fähren. Die sind zwar auch nicht das Schlechteste – aber einzigartig sind Schiffe als Teil des öffentlichen Nahverkehrs nicht. Das könnte man ebenso gut in New York oder Shanghai erleben. Hafenbarkas-

Die Große Hafenrundfahrt dauert eine Stunde.

sen hingegen schippern tatsächlich nur durch die Hansestadt. Und nur auf der Elbe werden Passagiere von »He lücht« unterhalten. So lautet die offizielle Berufsbezeichnung der Barkassenführer. Während ihre Döntjes nicht immer ganz der Wahrheit entsprechen, beantwortet niemand ehrlicher die Frage, ob man sich selbst zum erlesenen Kreis der Hanseaten zählen darf. Ganz unabhängig vom Geburtsort.

Feiner Unterschied: gebürtig, geboren und Geboren

Ein Geborener entstammt einer alteingesessenen Familie. Ein Gebürtiger hat immerhin an Alster, Bille, Elbe oder Wandse das Licht der Welt erblickt. Und dann sind da noch die geborenen Hamburger. Freie Reichs- und Hansestädter im Geiste. Denen geht das Herz auf, wenn »He lücht« einen Uraltwitz reißt. Die würden niemals unter Deck eines Schiffes bleiben. Denn die wollen den Wind in den Haaren spüren, selbst wenn er tobt. Die halten Monsterkräne und Hafenindustrie für romantisch. Die pfeifen auf Stadtmauern, weil ein Tor zur Welt nur weit geöffnet funktioniert. Und die spinnen so überzeugend mit an der Legende, Hamburg läge am Meer, dass bis heute und trotz Internet noch immer Leute daran glauben. Sogar der Europäische Gerichtshof sieht das inzwischen so. Seit 2007 ist die Elbe offiziell ein Meeresgewässer.

2

Missingsch lernen

In Hamburg schnackt man Platt

Plattdeutsch ist kein Dialekt. Plattdeutsch ist eine Sprache. Eine Weltsprache sogar. Zur Zeit der Hanse wurde von Britannien über Skandinavien bis Russland Plattdütsch geschnackt. Und noch vor 100 Jahren mussten norddeutsche Kinder erst einmal Hochdeutsch lernen, wenn sie zur Schule kamen. Wer die beiden Sprachen durcheinander brachte, sprach missingsch. Missingsch klingt, als würde man mit dem hochtrabenden Hochdeutsch hadern. Das wirkt wohl sympathisch. Auch überregional.

Hamburger Jungs und Deerns

Spätestens seit das Ohnsorg-Theater in den 1950er-Jahren auf Sendung ging, gehört der Hamburger Slang zu den beliebtesten in Deutschland. Eine Besonderheit der Hansestadt, der sogenannte Schleifton, funktioniert genreübergreifend von der *Soul Kitchen* bis zum *Großstadtrevier*. Wenn Fatih Akin, Heidi Kabel und Jan Fedder die Vokale ins Unendliche dehnen, weiß man: Hamburger Jungs und Deerns. Wer es nicht in die Wiege gelegt bekam, kann es lernen. Sogar online – in der *Lütte Platt-School* auf www.ohnsorg.de.

Bronzestatue am Heidi-Kabel-Platz vor dem Ohnsorg-Theater

Hauptkirche
St. Michaelis

3

Die Big Five erklimmen

Jede der fünf Hauptkirchen von Hamburg ist etwas Besonderes. Jede birgt ein Geheimnis. Allen gemeinsam ist die grandiose Aussicht von ihren Türmen.

Gerüchten zufolge wird Hamburg im Jahr 2026 ein Hochhaus bekommen. So ein richtiges, echtes, das den Namen auch verdient. Dafür musste die Stadt erst einmal wachsen, sich ausdehnen, denn eine uralte Leitlinie besagt: Kein Bau darf die Stadtsilhouette verändern. Nichts darf die Sichtachsen auf die Kirchen behindern.

Sie sind aber auch wirklich Hingucker, die schlanken Türme der fünf Hauptkirchen zwischen Binnenalster und Elbe. Gleich drei von ihnen findet man unter den 15 höchsten Kirchtürmen der Welt. Und eine lockt mit der weltweit höchsten 360-Grad-Plattform auf einem Kirchturm.

Es kann nur einen geben: den Hamburger Michel

Im Turm von St. Michaelis, wo Deutschlands größte Kirchturmuhr tickt, öffnet morgens und abends der

Panoramablick vom Michel

Turmtüter die Fenster und trompetet einen Choral in alle vier Himmelsrichtungen. Bis 1861 signalisierte der Turmtüter das Öffnen und Schließen der Stadttore. Damals stand der Michel noch als Arme-Leute-Kirche außen vor. Heute hat er sich zum Wahrzeichen gemausert. Wer die 452 Stufen zur Aussichtsplattform scheut, nimmt den Aufzug. Das ist sonst nur noch in St. Nikolai möglich, dem Kirchturm, dem das Gebäude fehlt. Die neugotische Basilika wurde im Zweiten Weltkrieg zerstört. Wie Hamburg vor dem Feuersturm aussah, zeigen historische Aufnahmen auf der Aussichtsplattform des heutigen Mahnmals. Den Blick Richtung Speicherstadt gelenkt, fällt ein weiterer eleganter Turm ins Auge. St. Katharinen steht auf einer ehemaligen Insel. Der Grimm wurde erst kurz vor dem Kirchenbau um 1250 eingedeicht. Heute ist die Kirche das älteste Bauwerk der Stadt, das immer noch seinem ursprünglichen Zweck dient. Ihre goldene Krone, die Kirchturmspitze, stammt angeblich aus dem verschollenen Schatz des legendären Piraten Störtebeker.

Die Stadt von oben

Ganz modern gibt sich dagegen der Turm von St. Jacobi. Und zwar nicht erst seit der Wiedererrichtung im Jahr 1962. Schon 1779 ging die Pilgerkirche mit der Zeit – und schmückte sich mit dem ersten Blitzableiter Europas.

Kein Haus darf die Hauptkirchen überragen.

In direkter Nachbarschaft liegt St. Petri. Sie bedeutet für Turmbezwinger die größte Herausforderung: 544 Stufen, kein Lift. Was dem Himalaya seine Bases, sind in St. Petri Zwischenböden mit Bullaugen. Mit jedem wird die Stadt ein wenig kleiner. Und weil St. Petri mittendrin steht, wird kein Hochhaus je einen schöneren Ausblick auf Hamburg ermöglichen.

INFOS

Das kulturelle Angebot der Hamburger Hauptkirchen ist erstaunlich vielfältig. Vor dem Besuch also ins Netz, um Öffnungszeiten, Eintrittspreise, Highlights und tagesaktuelle Tipps zu checken.

ST. MICHAELIS, kurz Michel, das Wahrzeichen der Stadt: www.st-michaelis.de
ST. NIKOLAI, zentrale Gedenkstätte für Opfer des NS-Regimes: www.mahnmal-st-nikolai.de
ST. KATHARINEN, die Konzertmeisterin: www.katharinen-hamburg.de
ST. JACOBI, das Pilgerzentrum: jacobus.de
ST. PETRI, die Höchste: www.sankt-petri.de

4

Den Dom besuchen. Regelmäßig.

So wie Berlin x Kieze kennt, steht in x Städten ein Dom. Doch der Hamburger Kiez ist einzigartig. Genau wie seine Spielwiese – der Hamburger Dom.

SUPER 8
KINDER
RENNSTRECKE
BATMAN

Hamburger identifizieren sich mit ihrem Dom mindestens ebenso stark wie Kölner und gehen vielleicht sogar noch öfter und noch lieber hin. Nichts gegen Weihrauch, aber der Duft von gebrannten Mandeln ist schwer zu toppen. Mitte März, Ende Juli und Anfang November startet der jeweils vierwöchige Jahrmarkt auf dem Heiligengeistfeld. Das macht drei Monate Zuckerappel, Riesenrad und »Lose, Lose, Lose« pro Jahr und den Hamburger Dom zu Deutschlands längstem Volksfest.

Es hätte auch ganz anders kommen können. Ursprünglich war der Hamburger Dom nämlich ein Dom wie jeder andere. Doch im 11. Jahrhundert begründeten fliegende Händler in den Gewölben des Alten Mariendoms am Speersort eine besondere Tradition. Zur Weihnachtszeit strömten Gaukler und Musikanten, Marktbeschicker und Quacksalber in die Gewölbe, auf dass das Volk es krachen ließe.

Feiern konnten Hamburger schon im 11. Jahrhundert

Darum reagierten sie auch ungehalten, als Burchard von Bremen den Schaustellern 1334 Hausverbot erteilte. Der Protest war gewaltig und zwang den Bischof, die Domtüren wieder zu öffnen. Es gelang letztlich ohne Gesichtsverlust durch den Zusatz »aber nur bei Schietwetter«. Das herrscht zur Weihnachtszeit ja zum Glück grundsätzlich. Und so waren beide Seiten zufrieden.

Während die römisch-katholische Kirche sich an der Elbe eher schwer tat, gelang es dem Dom spielend, zum Kulturgut zu werden. Selbst als die Stadt mit der Reformation lutherisch wurde – und der Dom abgerissen, mochte man von dem vorweihnachtlichen Treiben nicht lassen. So durften sich die Händler fortan auf verschiedene Marktplätze verteilen. Mit der Elektrifizierung kamen die großen Fahrgeschäfte. Die brauchten Platz und der fand sich ab 1900 auf dem Heiligengeistfeld. Zwei Jahre später bauten die Vespermanns, eine der ganz großen Domdynastien, erstmals ihr Bodenkarussell auf. Es dreht seine Runden noch heute auf dem Dom.

Ende der 1920er-Jahre machte die Weltwirtschaftskrise den Schaustellern das Reisen schwer. Da gestattete der Senat eine zweite Dom-Saison im Frühling. Der Sommerdom wurde nach dem Zweiten Weltkrieg eingeführt, denn durch die deutsch-deutsche Teilung gingen viele Reisegebiete verloren. So strukturiert der Dom seitdem nicht nur das Jahr für die Hamburger, sondern in gewisser Weise auch das Leben. Für Kinder fühlen sich die drei Monate zwischen den Domzeiten ewig an. Erwachsene glauben, in Hamburg sei ständig Jahrmarkt.

Ein Kind der Siebziger: Kettenkarussell Wellenflug

Domenica Niehoffs Grab im Garten der Frauen

5

Ehren, wem Ehre gebührt

Wo, wenn nicht in Hamburg, könnte eine Frau aus dem Milieu zu den großen Stadtpersönlichkeiten avancieren? Also ab nach Ohlsdorf, zu Domenicas Grab.

Auf dem größten Parkfriedhof der Welt, im alten Teil nahe der Cordesallee beim verspielten Wasserturm im Look eines Märchenschlösschens, liegt der Garten der Frauen. Hinter wuchernden Rhododendren reihen sich alte Grabsteine, neue Erinnerungssteine und letzte Ruhestätten bedeutender Hamburgerinnen.

Eine von ihnen ist Domenica Anita Niehoff. Auf der Homepage des Ohlsdorfer Friedhofs wird ihr Beruf als »Herz von St. Pauli« angegeben. Sie selbst bezeichnete sich viel weniger verschämt als »Hure«. Das war ein Skandal Ende der 1970er-Jahre. Wie so vieles hielt Domenica auch die öffentliche Empörung aus. Denn sie hatte ein Anliegen. Sie wollte das wirklich Skandalöse an der Prostitution aufdecken: die Arbeitsbedingungen der Frauen. Nach ihrem Ausstieg aus der Sexarbeit setzte sie sich weit über ihre Kräfte hinaus für die Rechte von Prostituierten und für drogensüchtige Mädchen und Frauen ein. Dass sie ihre letzte Ruhe in

Frauengeschichten zum Nachlesen

rein weiblicher Gesellschaft gefunden hat, wäre ihr sicher ganz recht gewesen. Schaut man sich im Garten der Frauen um, staunt man, wie viele Hamburgerinnen sich um die Stadt verdient gemacht haben, sich für das Allgemeinwohl engagierten, pädagogisch betätigten, Widerstand gegen das NS-Regime leisteten, die Kunstwelt und Kulturlandschaft bereicherten. Ihre Leistungen wurden längst nicht immer gewürdigt, ihr Andenken längst nicht so selbstverständlich bewahrt, wie es bei bedeutenden Männern der Fall ist. Die Stadtgeschichte wird im Wesentlichen aus männlicher Sicht erzählt – selbst die der Reeperbahn, die es ohne Frauen gar nicht geben könnte. Auch in dieser Hinsicht war Domenica also eine Vorkämpferin.

Es gibt über dir keinen Herrn und unter dir keinen Knecht

Dabei hätte Domenica es viel bequemer haben können. Als Muse von Dichtern, Malern und Musikern verehrt, gefragt und gefeiert in Funk und Fernsehen, suchten Prominente wie Politiker ihre Gesellschaft. Und doch entschied sie sich gegen den Glamour und für die harte Arbeit als Streetworkerin. In puncto Pflichterfüllung war die gebürtige Kölnerin hanseatischer als so mancher Pfeffersack von der Elbchaussee. Selbst der Senat scheint allmäh-

Der Friedhof Ohlsdorf war von Anfang an als Großstadtoase geplant.

lich dahinterzukommen, dass das Hamburger Stadtrecht von 1270 auch für Frauen gilt: »Es gibt über dir keinen Herrn und unter dir keinen Knecht.« Das ist der wichtigste Satz für alle Hamburgerinnen und Hamburger. Der, aus dem sie ihr Selbstbewusstsein schöpfen. Den sprichwörtlichen Hanseatenstolz. Aber Vorsicht: Er funktioniert nur im Zusammenspiel mit Bucket Point 6. Sonst kippts ins Arrogante.

INFOS

Viele herausragende Hamburgerinnen sind beinahe vergessen. Der gemeinnützige Verein **GARTEN DER FRAUEN** will ihre Leistungen im gesellschaftlichen Gedächtnis erhalten beziehungsweise zurückrufen. Zwischen historischen Grab- und Erinnerungssteinen kann man Kurzviten in Ringbüchern aus Aluminium nachlesen. Publikationen mit ausführlicheren Versionen liegen an der Märchenbank aus oder im kleinen Gewächshaus. Mehr über das europaweit einmalige Projekt unter www.garten-der-frauen.de

Hamburgs sogenannte gute Stube: zurückhaltend schön

6

Understatement üben

Du willst deinen Besuch oder gleich die ganze Welt von Hamburgs Qualitäten überzeugen? Dann spar dir das Angeben. Machs lieber hanseatisch. Staple tief.

Kirschblütenfest: die Alster im Frühling

Hamburg ist die schönste Stadt der Welt. In Hamburg leben die glücklichsten Deutschen. Keine Metropole ist bei Touristen auch nur ansatzweise so beliebt wie Hamburg. So oder ähnlich tönt es aus allen Ecken, und etliche Umfragen scheinen es zu belegen. Aber eine Nummer kleiner würde es ehrlich gesagt auch tun.

Zumindest das mit der schönsten Stadt der Welt sollte nur behaupten, wer auch alle anderen gesehen hat. In Wahrheit ist es nämlich eine uralte, öde Leier. Sie manifestierte sich, als das Hanseatentum noch wenigen Superreichen vorbehalten war. Möglich, dass die in ihren Stadtpalais und Landsitzen tatsächlich daran glaubten, wenn sie die aufstrebende Elbmetropole den »glücklichsten aller Aufenthaltsorte« nannten. Das Gros lebte jedoch in bedrückenden Verhältnissen. Man brauchte keinen Instagram-Account, um zu ahnen, dass die Gängeviertel der City ebenso wenig Paradiesen glichen wie die heruntergekommenen Vorstädte von St. Pauli bis St. Georg.

Der glücklichste aller Aufenthaltsorte? Really?

Spätestens seit 1849 galt Prahlerei dann selbst bei Tophanseaten als von gestern, beziehungsweise als yesterday. Denn da stellte *Meyer's Conversa-*

Mit dem SUP-Board in die Innenstadt

tions-Lexicon einen neuen Zeitgeist fest. Das anglophile Hamburg avancierte zur »allerenglischsten Stadt des Kontinents«. Es etablierten sich nicht nur die ersten Ruder-, Hockey-, Tennis- und Golfclubs, Segelregatten und Pferderennen Deutschlands, sondern auch das Vergnügen an der Untertreibung.

Zum Meister des Understatements brachte es Altkanzler Helmut Schmidt. Sagte mal wieder einer der großen Staatenlenker aus dem Kreml oder dem Weißen Haus seinen Besuch an, bat er nicht in repräsentative Räumlichkeiten an Alster oder Elbe. Sondern dahin, wo Hamburg ganz normal ist – in sein Reihendoppelhaus nach Langenhorn. Worüber man dort am Backsteintresen des kleinen Partyraums debattierte, ist nicht im Detail überliefert. Doch es ging Schmidt wohl eher nicht darum, König Juan Carlos von Spanien zu überzeugen, der Neubergerweg 80 sei prächtiger als der Palacio de la Zarzuela. Der Rest ist Geschichte. Das Kanzlerhaus wurde zur Legende. Henry Kissinger und Giscard d'Estaing echte Freunde. Und Helmut Schmidt zum Hanseaten der Neuzeit par excellence. Sicher, für derartige Perfektion im Tiefstapeln braucht es Übung. Für den Anfang reicht es, die Superlative wegzulassen. Hamburg ist eine schöne Stadt. Hier lässt es sich ganz gut leben. Punkt.

Söhne Hamburgs:
Otto Waalkes und
Karl Lagerfeld

7

Promis in Ruhe lassen

Kreischalarm, weil am Nebentisch einer sitzt, den man aus dem Kino kennt? Bloß nicht. Hanseaten bleiben immer gelassen. Und meist höflich.

Woran erkennt man Touristen auf dem Kiez? Sie heben den Kopf, wenn Olivia Jones vorüberstolziert. Hamburger machen so etwas nicht. Sie bitten auch nicht um Selfies oder Autogramme. Das hat unterschiedliche Gründe. »Echten« Prominenten begegnet man mit Diskretion. Man will ihnen schlicht nicht zu nahe treten. Bei den sogenannten B-Promis ist das Gegenteil der Fall. Ihnen zeigt man durch Nichtbeachtung, dass man sie für nichts weiter Besonderes hält. Darum existierten in Hamburg auch keine Clubs, in denen Stars und Sternchen unter sich sind. Schickimicki und Bussi-Bussi gilt an der Elbe als Kassengift.

Welche VIPs in welcher Kategorie landen, erfolgt nach diffizilen Regeln. So können unbekannte, jedoch ernsthafte Künstler:innen, bestimmte Kaufleute oder Wissenschaftler:innen ohne Weiteres als A-Promis klassifiziert werden. Wer seinen Fame hingegen Castingshows oder der Yellow Press verdankt, darf allerhöchstens den C-Rang für sich beanspruchen. Und den haben echte Hanseaten absolut nicht auf dem Schirm. Unvergessen Karl Lagerfelds Behauptung, nichts über »diese Heidi« (Klum) zu wissen: »Die war nie in Paris. Die kennen wir nicht.«

Spiel mit den Promis

Wers noch nicht zur Ikone von Weltrang gebracht hat, kann das Spiel mit den Promis im ältesten Amüsierbetrieb von St. Pauli lernen. Das Hamburger Panoptikum wurde bereits 1879 gegründet und ist heute das letzte deutsche Wachsfigurenkabinett. Noch immer befindet sich das Haus am Spielbudenplatz in der Hand der Gründerfamilie. Seit einigen Jahren orientiert sich die Aufstellung der Figuren und Dioramen an den Bedürfnissen von Selfie-Jägern. 120 Persönlichkeiten aus Kunst und Kultur, Politik und Zeitgeschichte, darunter natürlich eine Masse Jungs und Deerns von der Waterkant. Toller Nebeneffekt: Nicht nur neu Zugezogene erfahren hier die erstaunlichsten Dinge über Hamburg. Etwa, wie der Mann mit den drei Augen auf den Kiez kam, oder warum der Besuch des Panoptikums früher an sechs Tagen in der Woche ausschließlich »erwachsenen Herren« vorbehalten war.

Danach ist der eigene Social Media Account so gut gefüllt, dass man sich selbst als Teil der Prominenz fühlen kann. Denn das ist der eigentliche Knackpunkt: dazuzugehören. So richtig hat mans in Hamburg erst geschafft, wenn man »uns Uwe« heißt, »uns Otto« oder »uns Udo«. Denen tut man gern den Gefallen, sie zu erkennen, wenn man sie auf der Straße trifft. Dann lächelt man freundlich. Und sagt »Moin«.

16 Jahre Kanzlerin: Angela Merkel

INFOS

PANOPTIKUM: Das Wachsfigurenkabinett am Spielbudenplatz 3 hat täglich von 10–20 Uhr geöffnet, am Samstag sogar bis 22 Uhr. Das Ticket kostet 6,90 € (Kinder 5 €): www.panoptikum.de

OHLSDORF: Auf dem viertgrößten Friedhof der Welt ruhen so viele Persönlichkeiten, dass man unmöglich bei nur einem Besuch alle Grabstätten aufsuchen kann. Als Einstieg eignet sich der Themenspaziergang »Prominente, Plastiken und Parklandschaft«. Den Flyer gibts am Hauptgebäude oder unter www.friedhof-hamburg.de.

8

Mit dem Wetter klarkommen

Denn Jammern bringt nix

In Hamburg gibt es keine Jahreszeiten, sondern eine Art Alljahreswetter. Temperaturen zwischen 10 und 18 Grad unter grauem Himmel sind im Januar genauso normal wie im Juni oder September. Dabei unterscheidet man nach schlechtem Wetter, also Schmuddelwetter, und richtige schlechtem Wetter, nämlich Schietwetter. Das erleben Hamburger an rund 195 Tagen im Jahr.

Das wunderschöne Grau

Damit liegt die Hansestadt im Bundesländervergleich eigentlich im guten Mittelfeld. Allerdings hilft es nichts zu wissen, dass es in München auch nicht besser aussieht. Denn die Bayern dürfen sich zum Ausgleich immerhin über 150 sonnenreiche Stunden mehr pro Jahr freuen. In Hamburg aber sind die 170 Tage, an denen weder Schmuddel- noch Schietwetter herrscht, fast genauso schrecklich. Entweder weht der Wind zu doll oder es ist zu kalt. Oder zu schwül. Oder irgendwas anderes mit »zu«. Am besten schraubt man seine Erwartungen wettermäßig auf ein Minimum herunter. Kauft sich eine gute Regenjacke. Und feiert das wunderschöne Grau.

Wer behauptet,
dass es kein
schlechtes
Wetter gibt ...,

... kennt den
Hamburger
Winter nicht.

9

Teetrinken wie ein Panikrocker

Und gelassen bleiben

Noch schlimmer als das Hamburger Wetter im Allgemeinen ist der Hamburger Winter im Speziellen. Berge Fehlanzeige. Ski und Rodel dementsprechend schlecht. Und dass die Alster offiziell zum Schlittschuhlaufen und Glühweintrinken freigegeben worden wäre, ist auch schon wieder etliche Jahre her. Aber bloß keine Panik, wenn die Eisdecke sich mal wieder als hauchdünn erweist. Lieber dahin, wo die Action ist. Ins Atlantic, seit 25 Jahren Sitz der »Panik-Zentrale«, wie Udo Lindenberg seine Suite mit Ruhm-Service nennt. Vielleicht tänzelt everybody's Panikrocker ja sogar durch die Lobby.

Stilecht im Atlantic

Dort knistert im Winter das Feuer im Kamin. Zur Adventszeit schmückt ein ausladender Weihnachtsbaum die Halle. Behaglich so ein Nachmittag im Grandhotel, auf elegante Art gemütlich, ganz wie beim Kleinen Lord, wenn der High Tea zelebriert wird. Stilecht versteht sich, mit Scones und Clotted Cream, Gurkensandwiches, Gebäck, serviert auf Etageren, und Champagner als Aperitif. Und dann: Abwarten. Tee trinken. Einer muss den Job ja machen, ne? »Düdüdüdüdüdü«.

Einmal stilecht den Afternoon Tea im Hotel Atlantic genießen …

10

Das Herz von Hamburg erobern

Die Elbe ist die Seele von Hamburg. Die Alster das Herz. Es schlägt mitten in der City und lässt sich nur aus eigener Kraft erreichen.

Super SUP-Revier an der Krugkoppelbrücke

Wenn man sich an der Alster verabredet, ist in der Regel die Außenalster gemeint, also der Teil des 56 Kilometer langen Flusses, den Graf Adolf III. 1190 zu einem Mühlenteich aufstauen ließ. Wobei die Begrifflichkeit »Teich« falsche Vorstellungen weckt. Ist die blaue Mitte Hamburgs mit 164 Hektar doch groß genug, um jedermann Luft zum Atmen zu verschaffen. Das funktioniert selbst bei Heldenwetter, wenn es in den Alsterkanälen schon mal eng wird.

Die Außenalster gehört zum Allgemeingut der Stadt und ist für den motorisierten Verkehr weitgehend gesperrt. Nur die Alsterdampfer dürfen ihre Kreise vom Jungfernstieg zum Alsterpark ziehen. Das macht den See, der eigentlich ein Fluss ist, zum idealen Spot, um am Feierabend geografisch wie innerlich zur Mitte zu finden. Mit Jolle oder Ruderboot, Kajak oder Kanu, SUP-Board oder Tretboot. Je nachdem, ob man sich auspowern oder entspannen möchte, picknicken oder sonnenbaden. Denn das ist ja das Tolle an einer freien Fläche mitten in der Stadt. Hier werfen keine Hochhäuser Schatten. Die Außenalster ist der Platz an der Abendsonne.

Die Alster ist ein langer, ruhiger Fluss

Die leichteste Übung ist das Tretboot. Unsinkbar und easy zu lenken, drängen Tretboote sich geradezu für den Sundowner im Kollegen- oder Freundeskreis auf. Ähnlich wie beim Kanufahren braucht es nicht viel maritimes Wissen. Nur das Rechtsfahrgebot sollte man einhalten und der Berufsschifffahrt, also den Alsterdampfern, Vorfahrt gewähren. Kreuzt eines der Fahrgastschiffe, schaukeln Kanus ganz wunderbar auf den Wellen. Sie eignen sich hervorragend für die ganz große Picknickrunde. Bindet man die Boote aneinander, erhält man den vielleicht besten Gesprächskreis der Welt.

Paddeln, rudern, segeln, SUPen

Wer noch nie auf dem SUP-Board stand, sollte eine Schnupperstunde in einem der vielen SUP-Clubs vorschalten. Rudern und Segeln gehören dann schon zur Königsklasse der Wassersportarten. Da ist ein Anfängerkurs angesagt. Sie starten meist im Frühjahr, damit im Anschluss noch die volle Saison genossen werden kann. Besonders das Segeln ist gar nicht so ohne auf der Alster. Auch wenn sie immer so unschuldig tut, gilt sie als launisches Gewässer. Davor haben auch Auskenner Respekt. Und daher gilt für alle Varianten der Alstereroberung: Bevor man sich aufs Wasser wagt, sollte man schwimmen lernen. Aber das ist in Hamburg ja ohnehin selbstverständlich.

Tretboote sind quasi unsinkbar.

INFOS

Zentral gelegen, toller Hangout und **TRETBOOTE** mit Getränkehaltern: Barca an der Alster (www.barca-hamburg.de)

Gleich nebenan bietet die älteste **SEGELSCHULE** Hamburgs Kentertrainings an: www.segelschule-pieper.de

RUDERN lernt man stilvoll im zweitältesten Club der Welt, dem Hamburger und Germania Ruderclub von 1836: www.der-club.de

BOARD & PADDEL leihen, Kurse oder Touren buchen bei den SUP-Legionären: www.sup-legion.com

Massenvergnügen
oder Einsamkeits-
abenteuer

11

Den Megamarsch absolvieren

Heimfelder sind selten in Tonndorf. Und wer aus Jenfeld kommt, hat vielleicht Francop noch nie gesehen. Sie alle verbindet ein Rundwanderweg.

Wer Wandern für langweilig hält, hat wahrscheinlich noch nicht am Megamarsch teilgenommen; das jährliche Massenwandern, bei dem 100 Kilometer in 24 Stunden absolviert werden. Da sind selbst passionierte Alpinisten froh, dass es keine Höhenmeter zu absolvieren gilt. Wer nachts lieber schläft, kann das Ganze auch auf eigene Faust und etappenweise erledigen. Dankenswerterweise hat die Stadt einen Rad- und Wanderweg angelegt, der prima herhalten kann, wann immer man mal nichts anderes mit sich anzufangen weiß.

In 100 Kilometern um die City

Die Freizeitroute »Grüner Ring« führt im Abstand von etwa zehn Kilometern rund ums Rathaus und ist in acht Touren unterteilt, die zumeist sehr gut und manchmal auch nur relativ gut mit den Öffis zu erreichen sind. Da kann man also einfach losmarschieren, wenn sich spontan eine Atempause auftut, Langeweile oder es zufällig mal nicht regnet.

Folgt man den offiziellen Tourenvorschlägen, startet die Reise um die Stadt mit einer Schifffahrt nach Teufelsbrück und endet mit ebensolcher von Finkenwerder. Dazwischen geht es ausnahmslos durchs Grüne. Und man kann sich beinahe nirgends verlaufen, so gut funktioniert die Beschilderung mit der grünen Elf. Läuft man dann doch mal in die Irre, ist das auch nicht weiter schlimm. Schließlich trifft man überall echte Auskenner; also die Menschen, die dort leben oder – und das häufiger – Schrebergärten bewirtschaften. Am Ende staunt man weniger darüber, wie grün Hamburg ist (denn das liest man ja dauernd irgendwo), als über die Tatsache, dass die halbe Stadt aus Kleingartenvereinen zu bestehen scheint. Die andere Hälfte ist von kaum zu glaubender Vielfalt.

Flachlandwandern in allen Varianten

In Hamburg trifft nicht nur kontinentales auf ozeanisches Klima, es treffen auch vier unterschiedliche Naturräume aufeinander. Sandige Geest und fruchtbares Urstromtal, karge Heide und üppiges Hügelland. Mal geht es durch dicht besiedelte Gegenden und solche, in denen man über Stunden keine Menschenseele trifft, mal tost der Verkehr hinter den Hecken, mal ist es mucksmäuschenstill. Man wandert auf Deichen und Uferwegen, durch elegante Parks und wilde Weiden, unter hohen Bäumen und auf weiten Ebenen. Auf einigen Etappen warten hervorragende Einkehrmöglichkeiten. Auf anderen ist man ohne Proviant aufgeschmissen. Diese spezielle Härte wird auf dem offiziellen Megamarsch durch Verpflegungsstationen abgefedert. Da gibts auch eine Medaille und Stempel in den Wanderpass.

INFOS

Das Wanderevent **MEGAMARSCH** ist extrem beliebt, sodass sich eine frühzeitige Anmeldung empfiehlt. Aber das ist ja auch gut so – je eher man sich registriert, desto mehr Zeit bleibt zum Trainieren. Tipps dazu gibts auf www.megamarsch.de.
Individualwanderer finden alle Tourenvorschläge, Kartenmaterial und Wissenswertes über die Etappen unter www.hamburg.de/wandern-im-gruenen.

Schieberhäuschen auf Kaltehofe

Immer dem Deich entlang in Finkenwerder

12

Über die Köhlbrandbrücke fahren

Ein Wahrzeichen mit Ablaufdatum

Bald wird nichts mehr sein, wo heute »die schönste Flussbrücke Europas« den Köhlbrand überspannt. Mit 53 Metern lichter Höhe ist die Schrägseil-Beauty offenbar zu niedrig für immer größere Containerriesen. Spätestens 2034 wird sie von einem Tunnel ersetzt. Sicherheitshalber sollte man die 3816 Meter lange Überfahrt noch in den 2020-Jahren einplanen. Wer weiß, wann die Abrissarbeiten beginnen. Und zweitens gilt es, gut zu überlegen, ob man selbst fährt oder lieber den Bus nimmt (Linien 151, 152 und 34). Sonst geht es einem wie der Dame an einem Sonntag im August 2018.

Hamburgs Golden Gate

Die Touristin aus den Niederlanden wurde schon bei der Auffahrt von heftiger Höhenangst ergriffen und wusste sich bald keinen anderen Rat mehr, als den Rückwärtsgang einzulegen. Eine entgegenkommende Polizeistreife staunte zunächst nicht schlecht und übernahm dann das Steuer. Die Frau nahm auf dem Rücksitz Platz. »Sie hielt sich die Augen zu, wirkte starr vor Schreck und verlor augenscheinlich ihre Gesichtsfarbe«, hieß es in dem Polizeibericht.

Soll durch einen Tunnel ersetzt werden: die Köhlbrandbrücke

Auf der Hamburger Hallig engagieren sich gleich mehrere Stiftungen.

13

Eine Stiftung gründen

Hanseatentum verpflichtet. Bevor man aber selbst eine Stiftung ins Leben ruft, gibt es etliche Möglichkeiten in das Gründergeschäft reinzuschnuppern.

Die Bauer-Hollmann Stiftung unterstützt Wissenschaft und Forschung.

In der deutschen Stiftungslandschaft ist Hamburg wie der FC Bayern München im Fußball eine Klasse für sich. Während bundesweit pro 100 000 Einwohner 28 Stiftungen gezählt werden, sind es in Hamburg 78. Die kleine Schwester Bremen landet mit weitem Abstand und 49 Stiftungen auf Platz zwei. Da scheint Hamburgs Glory Position unangreifbar. Doch es ist nie gut, sich auf den Lorbeeren auszuruhen. Tatsächlich übertreffen einige Bundesländer seit einigen Jahren die Hansestadt bei den Neugründungen. Allerhöchste Zeit also für eine neue Stiftergeneration. So eine Stiftung ist nämlich wirklich praktisch, wenn man nicht weiß, wohin mit seinem Vermögen, und wenn man es geschickt anstellt, übertrifft die Rendite selbst die gewagtesten Spekulationen.

Das musste auch die Kirche St. Jacobi lernen. Als die Hamburger Jungfer Johanna Margaretha Eding ihr Vermögen von 850 Mark der Kirche vermachte, schien es ein gutes Geschäft. Im Gegenzug wünschte sich die Jungfer nämlich lediglich 15 Unterkleider für mittellose Damen – auszugeben jährlich im Advent. Das war 1762 und 850 Mark entsprachen dem Wert von mehreren Hunderttausend Euro heute. Davon ließen sich so einige Schlüpfer finanzieren. Bloß hätte die Kirche einem gewissen Passus mehr Aufmerksamkeit schenken sollen. Er betraf die Laufzeit des letzten Willens. Nämlich:

Ohne Stiftungsgelder stünden etliche Projekte zum Klimawandel vor dem Aus.

»solange die Sonne scheint und der Wind weht«. Oder, anders gesagt, bis in alle Ewigkeit.

Drum prüfe, wer sich ewig bindet

Als die Kirche in den 1920er-Jahren versuchte, aus der Nummer gerichtlich herauszukommen, war das Stiftungsvermögen längst aufgebraucht. Doch da war nichts zu machen. Seit 1985 ein zweiter Prozess angestrengt wurde, verteidigt die neu gegründete Stiftung Johanna Margaretha Eding-Testament den letzten Willen der Jungfer. Längst nimmt aber auch St. Jacobi die Sache sportlich. Zumal die Weihnachtsaktion inzwischen von Kaufhäusern und privaten Spendern unterstützt wird.

Wer eine Stiftung gründen möchte oder zunächst erst einmal eine unterstützen oder überhaupt in das Thema reinschnuppern, muss sich in Hamburg für eine von 1500 guten Möglichkeiten entscheiden. Sie widmen sich dem gesellschaftlichen Zusammenhalt und der Wissenschaft, Kunst und Kultur, Sport und Sozialwesen und dem Naturschutz. Helfen kann man nicht nur mit Geld, sondern auch durch persönliches Engagement. Einen Überblick verschaffen die Seite www.hamburger-stiftungen.de oder die jährlichen Stiftungstage mit Veranstaltungen im gesamten Stadtgebiet.

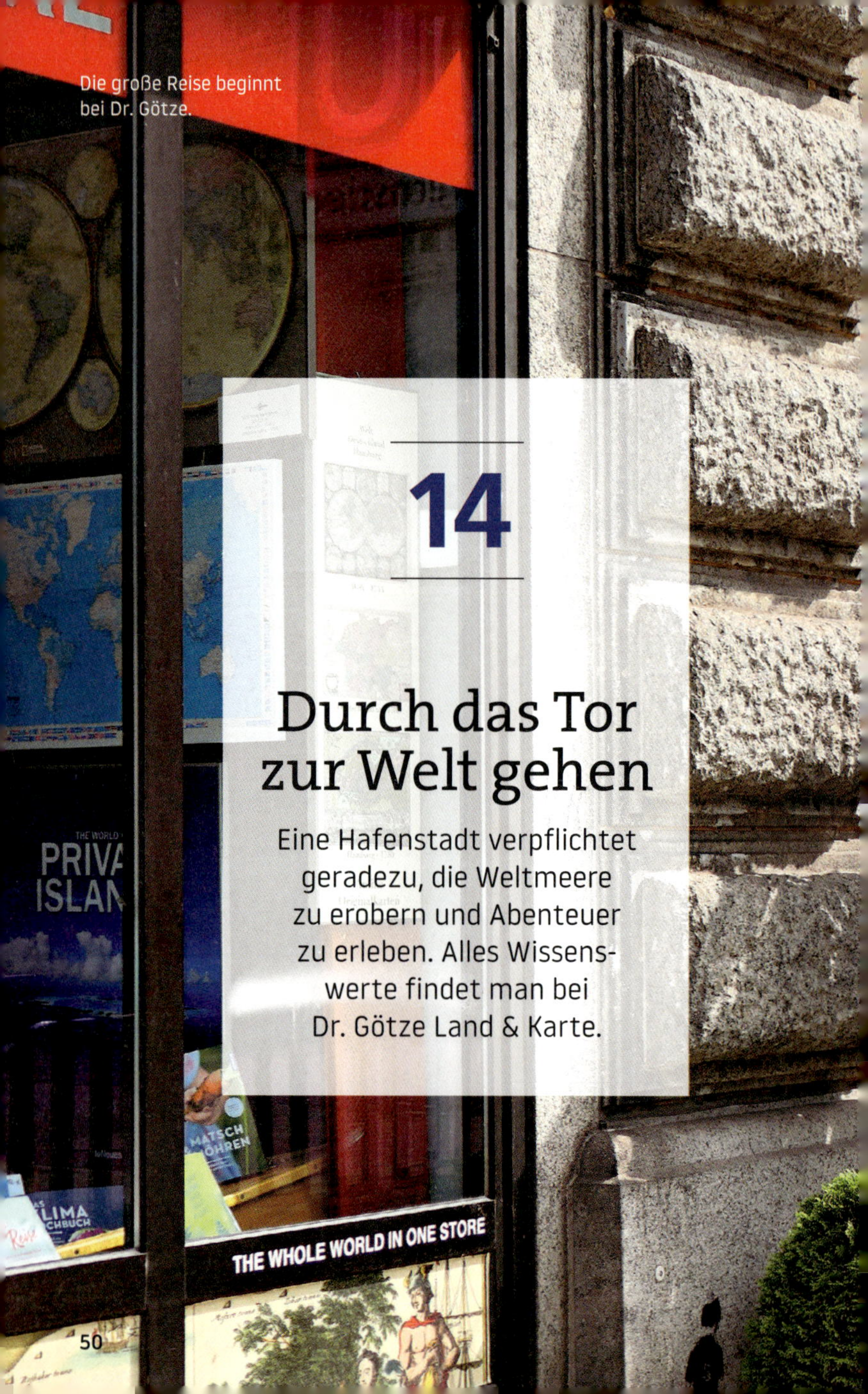

Die große Reise beginnt bei Dr. Götze.

14

Durch das Tor zur Welt gehen

Eine Hafenstadt verpflichtet geradezu, die Weltmeere zu erobern und Abenteuer zu erleben. Alles Wissenswerte findet man bei Dr. Götze Land & Karte.

DR. GÖTZE LAND&KARTE
DR. GÖTZE
LAND&KARTE
HAMBURG
THE WHOLE W
AMERIKA

Wer weiß, was aus dem Hause Chanel geworden wäre, wenn Karl – der Große – nicht den Rat seiner Mutter befolgt hätte. »Hamburg ist das Tor zur Welt«, soll sie gesagt haben. »Aber du musst auch durchgehen.« Zwar ergänzt man an der Weser das Bonmot von Elisabeth Lagerfeld gern mit der Behauptung, nur Bremer hätten den Schlüssel. Den zeigt nämlich das Wappen der kleineren Hanseatin, während die mächtige, weiße Hamburger Burg auf rotem Grund geschlossen scheint. In Wahrheit ist das Hamburger Wappen ein Zeichen von Wehrhaftigkeit. Und das Schaufenster zur Welt liegt an der Binnenalster.

Der Schlüssel zur Welt liegt am Alstertor

Am Alsterthor befand sich ab 1618 ein riesiges Werk- und Zuchthaus. Dort wurden soziale Randgruppen untergebracht, allen voran Vagabunden. Davon gab es etliche. Denn kaum eine Stadt weckt Fernweh, Sehnsucht und Reiselust wie Hamburg. Das weiß jeder, der mal einen Sonnenuntergang an der Elbe erlebt hat. Und bis heute tummeln sich Weltenbummler am Alstertor/Ecke Raboisen, um zu träumen oder zielgerichtet die nächste Expedition zu planen – bei Dr. Götze Land & Karte, der größten geografischen Fachbuchhandlung im Land. 70 000 Reisebücher, Landkarten, Wanderkarten, Radkarten, antike Karten, Sternenkarten, Seekarten, Globen, Atlanten laden zum Stöbern ein. Und speziell für Kinder gibts gleich eine ganze Reisewelt.

Andere Länder haben auch schöne Hamburgs

Wer da immer noch keine Lust hat, Hamburg zu verlassen, forscht nach den 28 Orten auf der Welt, die ebenfalls Hamburg heißen. Etwa das kleine Fischerdorf, in dem 91 Prozent der Hamburger Xhosa sprechen, gleich neben dem Hamburg Nature Reserve in Südafrika. Oder die Insel Hamburgö am Hamburgsund in der schwedischen Provinz Bohuslän. Vielfach waren es Auswanderer, die in der neuen Heimat ein Hamburg gründeten. Einer von ihnen war Klaus Hinrich Klahn. Er segelte 1805 von Altona aus als Heinrich Schultz seinen Gläubigern davon, geriet in Amerika unter Sklaverei und gelangte später unter dem Namen Henry Shultz zu beträchtlichem Vermögen. Das allerdings ging am Ende kapeister. Shultz starb vereinsamt, und Hamburg in South Carolina ist heute eine Geisterstadt. Vielleicht hätte er es wie Karl Lagerfeld halten sollen, der gern mit dem Satz kokettierte, dass das Tor zur Welt kein Tor hat, also nie verschlossen ist. Obwohl in Paris zu Hause, kehrte er immer wieder zurück – doch das ist schon der nächste Punkt auf der Bucket List.

Hans Hummel
als Kosmopolit

Elbbrücken

15

Nach Hause kommen

Ein wichtiger Grund, Hamburg hin und wieder zu verlassen, ist die Rückkehr. Besonders mit der Bahn stellt sie für viele den Höhepunkt der Reise dar.

Die beste aller ICE-Etappen

Nie lieben Hamburger:innen ihre Stadt mehr als nach einer Reise in den Süden. Nie ist Hamburg grüner als im Landeanflug nach dem Sommerurlaub. Nie ist der ewige Stau vorm Elbtunnel egaler als beim ersten Blick auf die Hafenkräne. Aber die allergrößten Glücksgefühle erleben Hamburger:innen, wenn sie mit dem Zug zurückkehren. Bei der Überquerung der Elbbrücken halten selbst Sabbeltaschen ihren Rand, um diesen besonderen ersten Blick auf die Hafencity auszukosten. Wenn sich welche weiter unterhalten, sind es garantiert Touristen. Und man kann grad noch so dem inneren Drang widerstehen, »pssssst« zu machen oder »guck doch hin« zu rufen. Denn dieser Moment hat eine beinahe religiöse Bedeutung.

Sprung über die Elbe mit der U4

Seit die U4-Haltestelle an den Elbbrücken 2018 eröffnet wurde, muss man nicht einmal mehr reisen, um den besonderen Augenblick zu erleben. Am besten steigt man am Wochenende in der Hafencity in die Bahn. Leuchtcontainer tauchen dann zwischen 10 und 18 Uhr zu jeder vollen Stunde den Bahnhof in bunte Farben, und Klassiker von Bach bis Vivaldi wabern durch den Untergrund. Das ist ein angemessener Auftakt für die zwei Minuten lan-

Unmotorisiert noch famoser – der Sprung über die Elbe

ge Fahrt bis zur aktuellen Endstation. Die lichtdurchflutete, beeindruckende Stahlkonstruktion mit gläserner Röhre macht sich prima als Tor zur hundertjährigen Freihafenelbbrücke.

Endstation Sehnsucht – die Elbbrücken

Ein Gang über die filigrane Eisenfachwerkkonstruktion selbst gehört zu den Dingen, die ganz Hamburg mal gemacht haben sollte. Und wer nicht zu den knapp 5000 Einwohner:innen der Veddel gehört, findet sich innerhalb von Minuten in unbekannten Welten wieder. Nichts könnte weiter entfernt von der Alster sein als die drei Elbinseln, über die sich die Veddel zieht. Und gleichzeitig nichts hamburgischer. Darum fühlt man auch gar nicht dieses Ziehen im Herzen, das normalerweise die Überquerung der Elbe erschwert. Lohnenswert ist ein Abstecher auf die Kleine Veddel (siehe Bucket Point 25), eines der letzten echten Arbeiterstadtteile, oder auf die Peute. Am Moldauhafen befindet man sich tatsächlich in Tschechien. Noch bis 2028 läuft die Pacht, die als Folge der Versailler Verträge abgeschlossen wurde. Man kann aber auch einfach in der Mitte der Freihafenelbbrücke stehen bleiben – und den Lieblingsblick aller Hamburg-Heimkehrer genießen.

Der nächste Ozean-
riese lässt nie lange
auf sich warten.

16

Dicke Pötte begrüßen

Eine Zweitkarriere als Shipspotter ist in Hamburg selbstverständlich. Der Einstieg gelingt am Welcome Point, der sogar auf Seekarten verzeichnet ist.

»Willkommen in Hamburg!«

Etwas, das Hamburger:innen noch mehr lieben, als in den schönsten Hafen der Welt zurückzukehren, sind Schiffe. Dementsprechend außer Rand und Band gerät die Stadt, wenn beides aufeinandertrifft. Schaut etwa die *Queen Mary 2* mal wieder vorbei, ist das Elbufer schwarz vor dicht gedrängter Menschen. Nur wer sich gut genug im Hafen auskennt, findet dann noch einen ungestörten Platz, um den Einlauf der Gigantin zu erleben. Viel weniger aufregend, aber ungleich charmanter geht es am Willkomm-Höft zu.

»Willkommen in Hamburg«, schallt es am Fährhaus mehrmals täglich durch die Lautsprecher. »Wir freuen uns, Sie im Hamburger Hafen begrüßen zu dürfen.« Dabei steht die Schiffsbegrüßungsanlage in Schulau, einem Ortsteil von Wedel, also in Schleswig-Holstein. Bis zur Stadtgrenze ist es von dort noch ein guter Elbstrandkilometer. Sehr genau nehmen es die Begrüßungskapitäne hingegen mit der Salutfähigkeit. Nur Schiffe über 1000 Bruttoregistertonnen bekommen das volle Welcome Package. Kleinere Schiffe werden lediglich durch das Dippen begrüßt. So heißt es in der Seemannssprache, wenn die Flagge am großen Fahnenmast auf der Wiese zum Gruß zur Hälfte heruntergeholt wird.

Relaxen im Schulauer Fährhaus in Wedel

Dippen und Dudeln

Es sind immer noch gut 50 »große Pötte«, die das Willkomm-Höft innerhalb eines Tages passieren. Sie kommen aus Ländern dieser Welt, die zu den seefahrenden Nationen gehören, und werden allesamt in Landessprache und mit der eigenen Nationalhymne begrüßt. Das sind 187 Songs, die unter die Haut gehen. Dann kann man sich gut vorstellen, wie das sein muss, wochenlang über den Ozean zu schippern – und schließlich am anderen Ende der Welt ein Stück Heimat zu finden. Selbstverständlich werden sie auch standesgemäß verabschiedet, wenn es wieder Richtung Nordsee geht.

Seit 1952 ist die Schiffsbegrüßungsanlage an 365 Tagen im Jahr in Betrieb. Damals wurde noch alles mit der Hand gemacht. Heute geschieht das Dippen vollautomatisch. Begrüßungstexte und Hymne werden digital eingespielt. Aber die Informationen zu den Schiffen finden die Begrüßungskapitäne noch immer auf Karteikarten. Etwa 18 000 Karten können sie mittlerweile ziehen, um die Gäste der anliegenden Gastronomie mit harten Fakten und spannenden Insiderinfos zu unterhalten. Am besten kommt man an einem Wochentag. Dann geht es an der Fischbude, im Biergarten und auf der Riesenterrasse des Neuen Schulauer Fährhauses entspannter zu.

Hamburgs Shanty-Chor
De Tampentrekker

17

Shantys schmettern

Hamburger Volkslieder sind international; gedichtet von afroamerikanischen, karibischen und nordeuropäischen Matrosen und Hafenarbeitern.

»Hamburg singt« beim Stadtpark Open Air

Als im Dezember 2020 der schottische Postbote Nathan Evans seine Version des Walfänger-Songs »Soon may the Wellerman come« auf TikTok stellte, löste er einen Shanty-Hype aus. In Hamburg war man nicht besonders überrascht, dass Seemannslieder auf einmal die Charts stürmten. Denn die gehören an der Waterkant schließlich zum Kulturgut. Längst haben sie ihr angestaubtes Image als touristische Folklore abgelegt. Wenn das Trio Calmare St. Pauli Fun-Punk-Shantys spielt, Stephanie Lottermoser im Knust Seefrauen-Jazz untermixt oder De Tampentrekker im Rahmen von *Inas Nacht* den Schellfischposten rocken, hüpfen Hamburger Herzen im Takt.

Der Begriff »Shanty« wurde vermutlich vom englischen *chant* und/oder dem französischen *chanter* abgeleitet. So ganz genau weiß man das nicht. Seemannsbräuche sind von etlichen Geheimnissen umwabert. Da muss man nur mal nach der Übersetzung von »to my hoo day« googeln. Aber das ist eine andere Geschichte und im Grunde auch ganz egal. Denn ob *chant* oder *chanter*, hier gehts ums Singen. Und zwar in einer Form, die jedem gelingt. Denn Singen macht glücklich. Und gerade wer davon überzeugt ist, nicht mit großem Talent gesegnet zu sein, sollte einmal bei Hamburgs größtem Flashmob mitmachen, dem »Chor für alle – Hamburg singt«.

Everysinger´s Darling: Chorleiter Niels Schröder

Hamburg singt

Hunderte Sängerinnen und Sänger treffen sich jede Woche im Haven in der kleinen Michaelispassage, um gemeinsam zu singen. Bei besonderen Veranstaltungen können es auch schon mal Tausende sein. Chorleiter Niels Schröder steht auf der Bühne mit der großartigen Liveband, die noch durch die kompliziertesten Melodien trägt. Die Texte werden mittels Beamern auf Leinwände projiziert. Ganz wie ein traditioneller Shantyman mit seiner Mannschaft übt Schröder mit seinem Chor das Repertoire im Wechselgesang ein. Und schon nach den ersten Takten verlieren Neueinsteiger ihre Scheu. Dafür sorgt auch die Liedauswahl, eine Mischung aus aktuellen Charts, »Freude schöner Götterfunken«, Hits aus den 80ern und 90ern oder Songs der Söhne Hamburgs und natürlich Seemannslieder.

»Moin Moin Moin Moin«

Megagroße Chöre und Shantys haben etwas gemeinsam. Raue Kehlen sind kein Hindernis, und in erster Linie geht es um den Spaß an der Sache. Wer dabei zu der Erkenntnis gelangt, dass die eigene Stimme zu Höherem als der Dusche zu Hause berufen ist, hat die Qual der Wahl. Weit über 100 Chöre in der Hansestadt suchen regelmäßig nach neuen Sängerinnen und Sängern.

Endlich zu Hause:
Flying-P-Liner *Peking*

18

Mol een Hamborger Veermaster sehn

Wer glaubt, dass es nicht auf die Größe ankommt, hat vermutlich noch nicht den majestätischen Viermaster im Hafenmuseum gesehen – die *Peking*.

Am 7. September 2020 kehrte die *Peking* nach Hamburg zurück. Tausende strömten an die Landungsbrücken, um den stolzen Windjammer zu begrüßen, der 109 Jahre zuvor drüben bei Blohm & Voss vom Stapel gelaufen war. 1911 galt die 115 Meter lange Bark als eines der schnellsten Segelschiffe der Welt. Sie gehörte zu den legendären Flying-P-Linern. Alle eindrucksvollen Großsegler der Reederei F. Laeisz wurden ab einem gewissen Zeitpunkt auf Namen mit P getauft. Eine Reminiszenz an die Sophie Laeisz, die aufgrund ihrer krausen Haare »Pudel« gerufen wurde. Und auch den Schiffen verpasste der Volksmund einen Spitznamen; vielmehr eine Ehrbezeichnung: Hamburger Viermaster.

Nicht alles mit P bringt Glück

»Alles, was mit P anfängt, bringt mir Glück: Padua, Pinnasberg, St. Pauli, Polizei, La Paloma. Ich bin Seemann verdammt noch mal«, behauptete Hans Albers in der Rolle des Hannes Kröger in seinem vielleicht bekanntesten Film *Große Freiheit Nr. 7*. Aber das galt längst nicht für alle Flying-P-Liner. Die *Pisagua* strandete auf den Shetland-Inseln. Die *Potosi* wurde in Patagonien versenkt. Die *Priwall* explodierte vor der Küste Perus. Die *Pamir* geriet in einen Orkan. Die *Pergamon* gilt als verschollen.

Die Geschichte der *Peking*

Anfang der 1930er-Jahre neigt sich die Ära der Frachtsegler dem Ende zu. Nach 20 Jahren auf hoher See und 20 Südamerika-Fahrten wird die *Peking* nach England verkauft. Dort dient sie zunächst als Segelschulschiff, später als Unterkunft der Royal Navy. 1974 gelangt sie nach New York. Dort liegt sie als Museumsschiff am Pier von Manhattan und kommt ziemlich auf den Hund. Undenkbar, dass die *Peking* aus eigener Kraft über den Atlantik segelt, es müssen Unsummen für die Rückholaktion per Schwergutschiff aufgebracht werden. 2017 trifft sie in Brunsbüttel ein, um sodann drei Jahre lang in Wewelsfleth restauriert zu werden. Seitdem ist sie wieder zu Hause.

Das Deutsche Hafenmuseum

Noch geht es der *Peking* wie vielen, die nach Hamburg ziehen oder zurückkehren. Man findet erst mal keinen anständigen Ankerplatz. Mindestens bis 2025 muss die *Peking* noch in ziemlich beengten Verhältnissen klarkommen. Dann wird sie auf ihre letzte Fahrt gehen. Zum Grasbrook, wo derzeit das Deutsche Hafenmuseum entsteht. Ob es als eines der bedeutsamsten (und teuersten!) Museumsprojekte der Gegenwart auch auf die Bucket List für echte Hamburger:innen gehört, sehen wir dann.

INFOS

Nur vier der insgesamt 83 Flying-P-Liner sind erhalten und nur eine, die ehemalige *Padua* und heutige *Kruzensthern*, segelt noch über die Meere. Zu besonderen Ereignissen besucht die Viermastbark ihre drei Schwestern, die allesamt als Museumsschiff dienen.

PASSAT: Priwallpromenade Travemünde, www.luebeck.de/passat
PEKING: Hafenmuseum Hamburg, Australiastraße 50a, www.shmh.de
POMMERN: Schifffahrtsmuseum Åland, www.visitaland.de

Weltweit haben nur vier Hamburger Viermaster überlebt.

19

Einen Film mit der ganzen Stadt sehen

An einem Sonntag im Jahr schaut ganz Hamburg den gleichen Film. Der größte Star auf dem roten Teppich ist dann: die Stadt selbst.

In der Speicherstadt treffen Pfefferkörner auf Charlies Engel.

Immer wieder gut für eine Tanzszene: die Wasserlichtspiele

Hamburg gehört neben München und Berlin zu den beliebtesten Drehorten in Deutschland. Anders als in Bayern oder in der Hauptstadt braucht es an der Elbe aber noch nicht einmal ein weltbekanntes Studio, um Filmschaffende anzulocken. Denn es gibt ja den Hafen. Er sorgt für Szenenbilder, die in keiner anderen Metropole im Land zu finden sind. Und das bezieht sich nicht nur auf Schiffe, Brücken, Kaianlagen und Kräne, sondern auch auf die extremen Begleiterscheinungen, die so ein Welthandelsplatz mit sich bringt. Hamburg ist ebenso Inbegriff von Reichtum und Eleganz wie von Tristesse und Armut. Hier funktionieren Hollywood und Bollywood, Nordic Noir und Wohlfühlkino. Und weil der Löwenteil von Hamburg ja eigentlich ziemlich normal ist, klappts auch mit den Vorabendserien.

Eine Stadt als Filmset

Möglicherweise findet man über das Hamburger Stadtgebiet verstreut eine Handvoll Straßen, die noch nicht als Kulisse dienten. Aber viele können es nicht sein. Seit Fritz Lang 1919 *Die Spinnen* bei Hagenbeck drehte, wurde so gut wie jede Ecke auf Zelluloid gebannt. Höchstens Autobesitzer:innen geraten heute noch in Aufregung, wenn ein Zettel an der Haustür mal wieder Filmarbeiten im Viertel ankündigt. Denn so ein Drehtag bedeutet ja nicht

Der Alte Elbtunnel gehört zu den klassischen Drehorten.

nur ein paar Stars und Scheinwerfer, sondern vor allem ziemlich viele Lkws. Und dann wird es noch schwieriger, einen Parkplatz zu finden. Während also Filmproduktionen keinen Hund mehr hinter dem Ofen vorlocken, sind Hamburger extrem verliebt ins Endprodukt. Je mehr Lokalkolorit über die Leinwand flimmert, desto besser. Am liebsten mit Gleichgesinnten in einem der tollen Programmkinos. Auch das wurde übrigens in Hamburg erfunden.

Eine Stadt sieht einen Film

Hand aufs Herz: Nicht alle Filme mit Hamburg-Bezug sind sehenswert. Manche dafür umso wertvoller. Seit 2016 feiern die Hamburger Arthouse- und Programmkinos jährlich eine Perle der Hamburger Filmlandschaft mit der Gemeinschaftsaktion »Eine Stadt sieht einen Film«. Bei dem Fest für Cineasten zeigen alle teilnehmenden Kinos an einem Sonntag den gleichen Kultstreifen. Die Vorstellungen sind dabei genauso begehrt wie Tickets für das Begleitprogramm aus Kinogesprächen mit Filmteam und Darstellern, Fachvorträgen, ergänzenden Filmen, Ausstellungen und Drehorttouren. Es lohnt sich darum, immer mal wieder auf www.eine-stadt-sieht-einen-film.de vorbeizuschauen. Allzu weit im Voraus wird der Termin für das jährliche Event nicht preisgegeben.

20

Antje (wieder)sehen

Über zoologische Gärten mag man geteilter Meinung sein. Aber Walrösser gehen immer. Vor allem Antje, Hagenbecks unvergessene Ikone.

Ein Solitär in Europa: Nepali

Die Älteren kennen die 750 Kilo schwere, prustende Walrossdame als Pausenfüllerin im Programm des NDR. Jüngere lieben sie als plietsches Walrossmädchen mit orangener Mütze aus der Feder von Janosch. Antje ist eine der ganz großen Stadtpersönlichkeiten. Geboren 1976 im Nordpolarmeer, kam sie schon als Heuler nach Hamburg. 27 Jahre lebte sie bei Hagenbeck. Nach ihrem Tod wurde Antje dermoplastisch konserviert, ausgestopft sagt der Volksmund, und kann seitdem im Zoologischen Museum besichtigt werden.

Die Geschichte vom Nashorn Nepali

Wer zu Antje will, lernt zunächst Nepali kennen, einen beinahe vergessenen Star aus der ersten Hälfte des letzten Jahrhunderts. Der Maharadscha von Nepal verkaufte das Panzernashorn 1930 an Carl Lorenz Hagenbeck, wo es schnell zum Publikumsliebling avancierte. Es war das einzige Nashorn in Deutschland, vermutlich in ganz Europa. Dafür gab der *Baedeker*-Reiseführer dem Tierpark einen Stern. Es war ein Glücksfall, dass Nepali den Zweiten Weltkrieg überlebte. Hagenbeck wurde zu 70 Prozent zerstört. Britische Verwaltungsoffiziere wollten das seltene Tier nach dem Krieg nach London verfrachten, um es vor dem Verhungern zu bewahren. Aber kein Mensch bringt

Es geht auch ganz filigran: zwei Gottesanbeterinnen.

ein Panzernashorn in eine Transportkiste, die nach Gefahr stinkt. Dafür hatte Wärter Jan Schild gesorgt, indem er die Kiste mit »Tigerschiet« präparierte. Nepali wurde mit Heu, Laub und Rüben durch die Hungerjahre gebracht und lebte noch bis 1955.

Die weltgrößte Regenwurmsammlung

Neben Nepali und Antje bewahrt das Centrum für Naturkunde noch gute zehn Millionen andere Präparate. Darunter die weltweit größte Sammlung von Regenwürmern. Deren Geschichten gehen vielleicht nicht so direkt ins Herz. Doch genau darum geht es eigentlich in den Ausstellungen: Evolution und Biodiversität. So funktionieren die Hamburger Tierstars vor allem als Türöffner. Die Anzahl der Besucher steigt seit Jahren an. Noch können die Besucherzahlen nicht mit denen vor dem Zweiten Weltkrieg mithalten. Der Prachtbau am Steintorwall galt bis zur Zerstörung als meistbesuchtes Naturkundemuseum Deutschlands, und seit Langem kämpft das Centrum für Naturkunde beharrlich dafür, an die Glanzzeit anzuknüpfen. Wann genau Stadt und Uni ihre »Vision Evolutioneum« in die Tat umsetzen, steht noch in den Sternen. Dass Nepali und Antje einen Ehrenplatz in dem geplanten Forschungsmuseum erhalten, kann als gesichert gelten.

21

Fußball gucken am Millerntor

Im Freudenhaus der Liga

Wer mit Fußball nichts anfangen kann, setzt in der Regel keinen Stadionbesuch auf seine Bucket List. Doch am Millerntor ist alles anders. Nicht umsonst gilt das Zuhause des 1. FC St. Pauli als Freudenhaus der Liga. Im Kern besteht der Mythos des Kiezclubs aus den edelsten Dingen im Leben – Loyalität, Gemeinschaft, Fairness und eine Menge Spaß. So fasste Fan Greg Greffin, Sänger der Band Bad Religion, die spezielle Pauli-Stimmung einmal zusammen.

»Hells Bells« aus den Boxen

Um sie zu erleben, braucht man sich auch gar kein Match lang die Beine in den Bauch zu stehen. Es funktioniert genauso gut bei einer Stadionführung. Etwa beim Blick in die legendären Logen, Separees genannt, deren individuelle Gestaltung von der Retromannschaftskabine bis zur sakralen Kapelle mit Engeln und Altar reicht. Oder im Museum in der Osttribüne. Das Fan-Projekt erzählt die Geschichte des Ausnahmeclubs so mitreißend, dass selbst Bundesligamuffel darüber nachdenken, irgendwann einmal selbst dabei zu sein, wenn die Mannschaft einläuft und »Hells Bells« aus den Boxen dröhnt.

Gute Kombi:
erst das Spiel,
dann der Dom

Die alte Spiegel-Kantine steht unter Denkmalschutz.

22

Bei guten Bekannten vorbeischauen

In diesen fünf besonderen Häusern trifft man garantiert richtig gute Bekannte. Und im Laufe der Zeit werden Freundschaften draus.

Die tollste Meile der Stadt ist etwa zwei Kilometer lang. Sie ist längst nicht so überlaufen wie das Alsterufer, birgt mehr Geheimnisse als die Reeperbahn und hortet wertvollere Schätze als die Elbchaussee. Kunstmeile nennt sich der Zusammenschluss fünf hochkarätiger Museen in Citylage, deren Besuch nicht besonders zu Buche schlägt – wenn man sich einen Kunstmeilenpass zu Weihnachten schenken lässt. Mit ihm darf man innerhalb eines Jahres einmal in jedem Haus vorbeischauen. Runtergerechnet kosten das Einzelticket für Deichtorhallen, Kunstverein, Museum für Kunst und Gewerbe, Kunsthalle und Bucerius Kunst Forum dann nicht viel mehr als einen Heiermann. Unschlagbar günstig also und eine gute Versicherung, sich auch wirklich aufzuraffen.

Keine Ahnung von Kunst? Prima!

Es war nie leicht, dass Hamburger Publikum allein mit Kunst hinterm Ofen vorzulocken. Alfred Lichtwark, der erste Direktor der Kunsthalle, beauftragte daher Künstler:innen mit Hamburger Ansichten. Denn für die eigene Umgebung können sich Hanseaten ja immer begeistern. So entstand etwa Max Liebermanns *Terrasse im Restaurant Jacob in Nienstedten an der Elbe*. Und wirklich drang das Bild tief in die Seele der Stadt. Gleichzeitig funktionierte es als Türöffner. Gaben sich die Pfeffersäcke zunächst typisch reserviert, war die Zuneigung bald umso tiefer. Kokoschkas *Windsbraut*, Manets *Nana* und Caspar David Friedrichs *Wanderer über dem Nebelmeer* sind echte Hamburger:innen geworden.

Gute alte Bekannte und die Geschichte der Stadt

Überhaupt bewahrt die Museumsmeile viele Stadtgeschichten. Allen voran der bekannteste unter den Period Rooms: die alte Spiegel-Kantine. Der psychedelische Speisesaal wurde 2012 unter Denkmalschutz gestellt und ist seitdem im Museum für Kunst und Gewerbe zu bewundern. Und die wunderbaren Deichtorhallen im Jugendstil würden auch ganz ohne Kunstwerke begeistern. Nebenbei zählen sie auch noch zu den bedeutendsten Häusern für Fotografie in Europa. Eine Ausstellungseröffnung in den Deichtorhallen ist immer ein Ereignis; allemal, wenn in der Dependance, der Sammlung Falckenberg, drüben in Harburg gefeiert wird. Dann zeigt die alte Garde der Kunst- und Clubszene, dass sie's noch draufhat. Meist sind die Vernissagen öffentlich und kostenfrei. Also immer schön die Website im Auge behalten.

INFOS

FÜNF HÄUSER in drei Tagen oder in zwölf Monaten: www.kunstmeile-hamburg.de

Ein **SOCIAL EVENT** nach dem nächsten: www.kunstverein.de

Zwei **HISTORISCHE HALLEN** zum Verlieben: www.deichtorhallen.de

Drei bis vier **TOP-AUSSTELLUNGEN** im Jahr: www.buceriuskunstforum.de

Acht Jahrhunderte **KUNSTGESCHICHTE:** www.hamburger-kunsthalle.de

10 000 Quadratmeter **KULTUR:** www.mkg-hamburg.de

Period Rooms zeigen, wie Hamburger früher lebten.

Wartet auch auf deine Meinung: die Speakers Corner in der Kunsthalle

Lautloses Feuerwerk: Planten un Blomen im Herbst

23

Die vier Jahreszeiten betrachten

Frühling, Sommer, Herbst, Winter? Das kriegt man in einer Schietwetter-Stadt oft gar nicht so mit. Außer man achtet auf Planten un Blomen.

Hamburger Sommersitze: die Alsterstühle

Am Oberrhein beginnt der Frühling einen guten Monat, bevor er sich nach Hamburg bequemt. Aber das muss niemanden deprimieren, denn es gibt ja Planten un Blomen. Der City Park ist auf jedes Wetter eingestellt. Und sobald die ersten Frühblüher ihre Nasen aus der Erde strecken, sind die Mittelmeerterrassen der place to be. Die Anlage aus geschichtetem Schiefer speichert noch den schwächsten Sonnenstrahl. Dort aalen sich verfrorene Seelen selbst im März in den beliebten Alsterstühlen wie Schildkröten auf Galapagos.

Frühlingserwachen und Sommermärchen

Vor 200 Jahren erfolgte die Umgestaltung in einen Landschaftsgarten, in dem Stadtmenschen Flora und Fauna erleben sollten. Zwar war es in den Anfangsjahren verboten, Hunde oder Kinderwagen mitzubringen sowie auf den Rasenflächen zu sitzen und »daselbst Taback zu rauchen«, doch dafür konnte man direkt rüber zu Alfred Brehms Zoologischen Garten spazieren. Daran erinnert noch die Flamingogruppe an der Großen Wasserkaskade, die auf den Parksee zuläuft. Hier läutet im Sommer die »Fanfare for the Common Man« das herrlich kitschige Retrokonzert von Lichtklavier und Wasserorgel ein. Aus 99 Düsen schießen die Fontänen in den Nachthimmel,

Wintersport in Norddeutschland

angestrahlt von Hunderten bunter Scheinwerfer. Ende September ist Schluss damit, aber dann hat ja auch schon die Laubfärbung begonnen.

Dreiklangdimension trifft Farbexplosion

Der Herbst bringt Ruhe und einen speziellen Duft. Wenn die Luft feucht und der Himmel grau ist, leuchten Laub und Staudengewächse wie Lampions. Die herrlichsten Kompositionen finden sich in der idealisierten japanischen Flusslandschaft gleich beim Eingang am Stephansplatz und im japanischen Garten selbst.

Herbstvergnügen und Winterzauber

Während die Blätter noch von den Bäumen schweben, beginnt bereits die Saison in der denkmalgeschützten Eisarena. Vom 70er-Look darf man sich nicht täuschen lassen. Technisch ist sie top. Das sorgt für satten Klanggenuss bei den Clubnights. Wer sich nicht für Wintervergnügen begeistern kann, geht ins Tropenhaus. Der Rundgang durch fünf unterschiedlich temperierte Zonen startet im feuchtheißen Regenwald. Es ist der wärmste Platz der ganzen Stadt, bis es wieder an der Zeit ist, den Alsterstuhl auf die Mittelmeerterrassen zu stellen.

24

In die »Blaue Stunde« eintauchen

Zwischen Tag und Nacht

Nach Sonnenuntergang und vor Eintritt der vollkommenen Dunkelheit kleidet sich die Welt für eine Weile in die Lieblingsfarbe aller Hanseaten: Marineblau. »Blaue Stunde« wird dieser erste Ausläufer der Nacht genannt. Dabei kann er bis zu zwei Wochen dauern. Theoretisch jedenfalls und wenn man an einem der Pole lebt. In Hamburg dauert die Blaue Stunde im Winter eine halbe und im Sommer tatsächlich eine ganze Stunde. Eine, die man gut nutzen sollte. Denn keine andere als diese eignet sich besser, um am Wasser zu spazieren, zu dinieren, Blues zu hören.

»Blue Port Hamburg«

Nicht umsonst gilt Blau als Farbe der Zufriedenheit. Sie steht für Frieden, Ruhe, Konzentration. Sie ist also perfekt geeignet, um vom Tagestrubel sanft in den Feierabend zu gleiten oder den Instagram-Account zu füllen. Denn selbst an den grausten Tagen ist Hamburg dann im wahrsten Sinne des Wortes bildschön. Alle zwei Jahre setzt die Stadt mit dem Kunstprojekt »Blue Port Hamburg« noch einen drauf. Dann werden mehr als 60 Kilometer Kabel verlegt, um den Hafen und seine Wahrzeichen für zehn Tage blau zu illuminieren.

Dauerbrenner auf dem Musical Boulevard

Oberhafen in der Dämmerung

25

Über das »Goldene Haus« nachdenken

Was soll das und wenn ja, wieso

Als der Konzeptkünstler Boran Burchardt im Sommer 2017 einen ganzen Rotklinkerwohnblock mit hauchdünnem Blattgold veredelte, war die Aufregung groß. 85 000 Euro kostete die Kunstaktion. Und sicher hätte man damit etwas Sinnvolleres anfangen können auf der Veddel. Der Bedarf ist groß. Die Elbinsel gilt als einer der ärmsten Stadtteile von Hamburg. Mehr als 50 Sprachen werden hier gesprochen. Für die größten Verständigungsschwierigkeiten sorgte allerdings die Sprachlosigkeit der Politik.

Die Bedeutung von Gold versteht jede:r

Eingeklemmt und abgeschirmt von Autobahn, Elbe und Bahngleisen schien die Veddel über Jahrzehnte aus dem Bewusstsein der Stadt verschwunden. Das »Goldene Haus« war ein guter Grund, mal wieder über sie zu reden – in der Bürgerschaft, den Medien und am Abendbrottisch. Es hat vielen auch den entscheidenden Kick gegeben, sich dieses sehr seltsame, winzige Dorf im Fritz-Schuhmacher-Look einmal selbst anzusehen. Es lohnt sich. Und gut essen kann man dort auch (siehe Bucket Point 29).

Die Veredelung der Veddel

26

Das alles und noch viel Meer sehen

Das älteste Gebäude der Stadt, die größte Naturoase, das unaufgeregteste Viertel und ein ganz und gar ungewöhnliches Gefühl – das ist Neuwerk.

Gut für geruhsame
Stunden: Neuwerk

Mit zwei PS auf die Insel

Auf einer kleinen Insel im Wattenmeer leben bummelig 40 Hamburger:innen im vermutlich stillsten Stadtteil: Neuwerk. Schon seit 1268 gehört der kleine Außenposten in der Nordsee zur Hälfte zu Hamburg, seit 1969 in Gänze, konkret zum Bezirk Mitte. Drei Quadratkilometer groß, an der höchsten Stelle sieben Meter hoch, dauert die Umrundung etwa eine Stunde. Dabei fehlt Neuwerk eigentlich alles, was Nordseeinseln so beliebt macht. Strände, Dünen, niedliche Friesenhäuser? Fehlanzeige. Die Insel hat etwas Funktionales. Man könnte sogar sagen, Reizloses. Und genau darin liegt der Zauber. Wo nichts reizt, geht auch nichts auf die Nerven. Und wenn man dann noch weiß, dass Neuwerk eine echte Pirateninsel ist, will man nie wieder zurück ans Festland.

Wer etwas mehr Zeit eingeplant hat, kann sie für die Besteigung des Leuchtturms nutzen. Der Backsteinkoloss von 1300 ist nicht nur Hamburgs ältestes Gebäude, sondern auch der älteste Profanbau an der gesamten deutschen Küste. 138 Treppenstufen über NN ist der Blick von der Aussichtsplattform grandios. Denn da breitet sich Hamburgs größtes Naturschutzgebiet aus – der Nationalpark Hamburgisches Wattenmeer. 90 Prozent der 13 750 Hektar sind als Schutzgebiet deklariert.

Von der UNESCO als Weltnaturerbe geadelt

Nur ein Bruchteil der 100 000 Besucher:innen, die jährlich die Insel fluten, bleibt über Nacht. Wenn die Massen erst mal wieder weg sind, schaltet Neuwerk auf Robinson-Modus. Das Übernachtungsangebot reicht vom Zeltplatz für acht Euro bis zum Viersternehotel. Das wird übrigens von den Nachfahren des letzten Neuwerker Piraten geführt. Und weil es ansonsten wenig zu tun gibt auf der Insel, kann man ja mal rausstiefeln auf die Sandflächen, Muscheln vom Meeresboden klauben, nach Robben Ausschau halten oder Seevögel bewundern.

Für viele Arten ist die Insel von existenzieller Bedeutung. Sie kommen in gewaltigen Schwärmen während der Vogelzüge zur Rast, zur Brut oder zur Mauser. Das Badehäuschen im Vorland eignet sich prima als Beobachtungsposten. Auch bei Regen und für Shipspotter. Segler, Tanker, Schiffsgiganten fahren hier in die Elbe ein, den letzten Abschnitt auf dem Weg in den Hamburger Hafen. Und ausnahmsweise – für Hamburger:innen ein seltsames Gefühl – wünscht man sich gar nicht an Bord. Man möchte einfach nur bleiben. Auf Neuwerk.

INFOS

Zu Fuß, per Kutsche oder Schiff gehts von Cuxhaven nach Neuwerk.

WATTWANDERN: Drei Kilometer durchs Schlickwatt stapfen, drei Stunden Aufenthalt, Abreise mit dem Schiff. Oder andersherum.

SCHIFFSPARTIE: Vom Anleger Alte Liebe sticht die *Flipper* in See. Je nach Tide und Wind dauert die Tour 1,5–2 Stunden. Der Aufenthalt variiert von einer bis drei Stunden.

WATTWAGEN: Mit der Pferdekutsche über den Meeresboden geht es von Duhnen in etwa 1,5 Stunden auf die Insel und nach einer Stunde auf dem gleichen Weg retour.

27

Alles probieren. Auch Aalsuppe.

Aller Anfang ist schwer

Die Hamburger Küche ist eine einzige Mutprobe. Vor allem das mit der Aalsuppe bringt man am besten schnell hinter sich. Vorzugsweise in einem Restaurant in größerer Runde. Als Faustregel gilt, ein Probierteller reicht für alle. Und falls mehr als zehn Personen am Tisch sitzen, besteht wenigstens theoretisch die Möglichkeit, dass eine von ihnen die Suppe mit Behagen auslöffelt. Ob nun Aal drin ist oder nicht. Denn da streiten sich die Geister.

Aal(les) kann. Nix muss.

Unbestritten ist allerdings die Brühe, gekocht aus Schinkenknochen, dazu fein geschnittenes Gemüse und Aalkraut; eine Mischung aus Bohnenkraut, Majoran, Estragon und Thymian. So weit, so appetitlich. Aber dann wird es speziell: Backpflaumen und anderes Dörrobst, Essig und Zucker geben die süß-saure Note, von der Kochbücher, Blogs und Nachschlagewerke behaupten, sie sei in Hamburg sehr beliebt. Doch davon – mal Hand aufs Herz – haben die meisten Hamburger:innen noch nie gehört. Ob nun Aal drin ist oder nicht.

Wenn du zwei
Kröten schlucken
musst, fang mit
der größeren an.

28

Den Weltfischbrötchentag zelebrieren

Im Mai wird seit einem guten Jahrzehnt das Fischbrötchen gefeiert. Begründet haben Schleswig-Holsteiner die Tradition. Und wir feiern mit.

Fisch ist nicht lax.

Fragt man Hamburger:innen, ist auf der Liste der kuriosen Feiertage einer vollkommen fehl am Platz. Denn was sollte am Weltfischbrötchentag wohl kurios sein? Ulkig wäre statt des Fischbrötchens höchstens eine Fischsemmel, wie die Currywurst des Nordens auf dem Oktoberfest genannt wird, oder ein Fischweckle, wie es in Baden-Württemberg doch tatsächlich heißt. Zwar ist es möglich, dass auch bayerische Köchinnen und schwäbische Hausmänner einen anständigen Fisch zubereiten können. Doch ein Fischbrötchen schmeckt nun mal nur, wenn dazu die Schiffe tuten und eine Möwe nach den Resten schnappt.

Hafen, Möwen und Fischbrötchen gehören zusammen

Die meisten Fischliebhaber:innen findet man darum auch in Hamburg, dicht gefolgt von Bremen und den Küstenflächenländern. Wo und wann das Fischbrötchen erfunden wurde, ist nicht exakt überliefert. So glauben Schleswig-Holsteiner, Otto von Bismarck hätte mal in Flensburg derart von der Zubereitung des Herings geschwärmt, dass der Wirt das Gericht später Bismarckhering nannte. In Mecklenburg-Vorpommern ist man sich sicher, ein Fischhändler aus Stralsund hätte den Reichskanzler persönlich um das Privileg ersucht. In der DDR durfte das aber nicht mehr gesagt werden. »Delikateßhering« hieß die offizielle Bezeichnung. Vielleicht stimmt aber auch die dritte Legende, nach der Bismarck von etlichen Leiden mittels Heringsheildiät genas. Oder die vierte, die sich auf seine Behauptung bezieht: »Wenn Heringe genauso teuer wären wie Kaviar, würden die Leute ihn weitaus mehr schätzen.«

Fisch sollte man zu schätzen wissen

Fisch war früher eine Arme-Leute-Speise. Heute ist er eine Delikatesse, die mit Bedacht genossen werden sollte. Nicht jeden Tag. Und nicht jeder Fisch. Schillerlocken etwa gehen gar nicht. Sie stammen vom Dornhai. Und der steht auf der Roten Liste der gefährdeten Arten. Damit man nicht versehentlich zur Ausrottung beiträgt, gibt die Hamburger Verbraucherzentrale eine Broschüre zum nachhaltigen Fischkonsum heraus. Hier empfiehlt sich unbedingt, die App zu installieren. Denn die Bestände in den Fanggebieten ändern sich alle naslang. Es mag im Einzelfall schwerfallen zu verzichten. Andererseits isst es sich mit gutem Gewissen um einiges besser. Und man bleibt auch nicht sein ganzes Leben an dem ewig gleichen Lieblingsfisch hängen.

Bei Möwenalarm das Fischbrötchen gut festhalten!

INFOS

KLASSIKER: Von den Landungsbrücken kann man nicht nur wunderbar über Övelgönne bis nach Blankenese laufen, sondern auch jede Fischbrötchenbude ansteuern. Besonders schön sitzt man im Strandhaus der beliebten Brücke 10 am Hans-Leip-Ufer.

URBAN ART: Das Underdocks passt ins Goldene Dreieck von Schanze, Karo und St. Pauli wie das Fischbrötchen aufs Auge und setzt mit Lobster Rolls und Lachs-Taccos ganz neue Akzente. Di–So, mittags–abends, Neuer Kamp 13.

29

In backfrische Franzbrötchen beißen

Hamburgensie aus Zucker und Zimt

Wer sich partout nicht für Fischbrötchen am Morgen begeistern kann, braucht in Hamburg trotzdem nicht ohne Frühstück zur Arbeit zu gehen. Denn es gibt ja das Franzbrötchen. Das Lieblingsgebäck hanseatischer Naschkatzen brachten möglicherweise Napoleons Truppen an die Elbe, als sie Hamburg besetzten. Es könnte aber auch eine Erfindung des Franzschen Bäckers aus Altona sein.

Gedreht oder gedrückt

Fest steht: Das Franzbrötchen ist die perfekte Kombination von Hefe- oder Plunderteig, Zuckersüße, Zimtduft und dem gewissen Etwas, das nicht verraten wird. Kaum eine Bäckerei, Konditorei oder Patisserie, die nicht nach eigenem Geheimrezept Franzbrötchen dreht oder drückt. Die zweite Technik ist die klassische und seltener zu finden. Auch geschmacklich hat sich das Franzbrötchen dem Zeitgeist angepasst. Früher war es weniger süß. Dafür gibt es heute die erstaunlichsten Varianten zu verkosten. Wo es das beste Franzbrötchen gibt? Das ändert sich von Zeit zu Zeit; man muss es regelmäßig probieren.

Süß. Süßer.
Franzbrötchen

30

Labskaus lieben lernen

Schön geht garantiert anders. Aber eben auch schwerlich leckerer. Labskaus muss man einfach mal probiert haben – und dann immer wieder genießen.

Bierstube Nagel: mehr als 150 Jahre Labskaus-Erfahrung

Auch wenn es nicht auf den ersten Blick ins Auge fällt: Labskaus ist super. Die Grundzutaten Kartoffeln und Pökelfleisch halten sich ewig. Das ist praktisch für wochenlange Seefahrten. Und falls sie sich mal nicht halten, fällt das rein optisch nicht weiter ins Gewicht. Labskaus schützt vor Skorbut. Denn Rote Bete und Gurken enthalten viel Vitamin C. Und falls das mal nicht funktioniert, kann man den fein pürierten Brei auch ganz ohne Zähne verspeisen. Vor allem aber schmeckt Labskaus unheimlich lecker. Das finden selbst diejenigen, die keinen Fisch mögen. Der Rollmops oder Bismarckhering wird zum Labskaus nämlich separat serviert. Man darf ihn auch gern gleich ganz abbestellen. So ist es jedenfalls in Hamburg, wo noch ein Spiegelei on top kommt.

Zwar wird Labskaus oft als Hamburger Nationalgericht bezeichnet. In Wahrheit ist die Verbreitung aber international. Vor allem die seefahrenden Nationen im Nord- und Ostseeraum lieben den herzerwärmenden Geschmack. In Norwegen gehören Steckrüben und Wurzelgemüse mit in den Topf. Aus dem Lettischen kommt vielleicht der Name des Matrosengerichts Labs Kausis, vielleicht aber auch vom britischen *labscouse*, was frei übersetzt »Speise für Flegel« bedeutet.

Schön geht anders. Leckerer schwerlich

Internationale Seemannsspeise

Seit einigen Jahren steht Labskaus wieder hoch im Kurs der Spitzengastronomie. Doch es gab auch Durststrecken, in denen man das Wintergericht nur noch in wenigen Traditionslokalen kochte. Im Lokal Anno 1905 in Altona etwa, wo am Originaltresen eine kleine Portion Labskaus als Vorspeise bestellt werden kann. Oder in der Bierstube Nagel am Hauptbahnhof, wo sich schon seit 1848 Arm und Reich in rustikaler Atmosphäre mischen.

Als ältestes Labskausrestaurant gilt der Old Commercial Room gegenüber vom Michel. Dort soll schon bei der Eröffnung im Jahr 1795 das Gericht auf der Karte gestanden haben. Dort wurde 1977 beim größten Labskausessen der Welt für 20 000 Gäste gekocht. Dort hängt auch die Urkunde der Hanseatischen Dinner Labskaus Society für das beste Labskaus von Hamburg. Und dort überdauerte das Labskaus auch die Jahre, in denen sich beinahe nur noch Touristen an den Seelenschmeichler in Gruseloptik wagten. Wer die große »Original Kanzler Portion« (gemeint ist natürlich Stammgast Helmut Schmidt) bestellt, bekommt auf Wunsch eine VIP-Urkunde dazu. Und wer sich zunächst einmal herantasten möchte, findet auf der Karte Probierportionen im Glas – mit Pfeffercreme, Wachtelei oder Garnelen.

Und wer hats
erfunden?
Die Hamburger

31

Kemm'sche Kuchen frühstücken

Seit 240 Jahren hüten Hamburger ihre Kemm'schen Kuchen wie ein süßes Geheimnis. Es duftet nach Kindheit und schmeckt wie Weihachten.

Nicht nur auf den Weltmeeren war um 1780 die Haltbarkeit von Lebensmitteln das entscheidende Kriterium. Auch in den Gängevierteln der Innenstadt und den Elendsquartieren von Eppendorf bis St. Georg fürchtete man verdorbene Waren. Kühlschränke waren noch nicht erfunden und Eiskeller höchstens in den Elbvororten ein Thema. Und trotzdem will der Mensch ja ab und zu etwas richtig Leckeres zu sich nehmen. Selbst auf großer Fahrt oder im Grenzgebiet von Altona und St. Pauli.

Das wusste auch Georg Johann Kemm, als er 1782 seine Kuchenbäckerei in der Lange Straße Nummer 10 eröffnete. Er experimentierte eine ganze Weile – mit Rübensirup, Zwieback, Lebkuchen und dem Rezept von braunen Keksen, wie man sie in Schleswig-Holstein und ganz Skandinavien kennt. Und schließlich holte er ihn aus dem Ofen: den harten Keks mit Lebkuchengeschmack, mit dem von nun an alle Hamburger Großeltern auf alle Zeit ihre Enkelkinder beglücken sollten, den Kemm'schen Kuchen.

Ein Keks wie Schiffszwieback

Kemm'sche Kuchen gehören zu den Dingen, die es nie richtig über die Stadtgrenzen hinaus schafften, obwohl sie in Hamburg jedes Kind kennt. »In Hamburg weltberühmt«, heißt es dann. Das galt ein Jahrhundert lang auch für das Seifen-Spezialgeschäft von Iwan Budnikowsky. Dort überdauerten die Kekse die Jahrzehnte, in denen mal mehr, mal weniger Kundschaft kam. Kaum etwas weckt mehr Hamburg-Gefühle als der Anblick von blau-beigen Blechdosen zwischen Zahnpastatuben und Putzmittelflaschen. Ein besserer Platz für die nostalgische Keksdose findet sich nur noch im eigenen Küchenregal. Dort bleibt sie dann mal wochenlang unberührt, mal öffnet man sie mehrmals täglich. Kemm'sche Kuchen schmecken zum Tee, sind prima Seelentröster zwischendurch, vor allem aber versüßen sie noch den dunkelsten Wintermorgen, was ihnen den Beinamen »Hamburger Frühstück« einbrachte.

Kemm'sche Kuchen aufs Rundstück

Zugegeben: Es ist gar nicht so leicht, ein echtes Rundstück zu ergattern. Die Urform des hanseatischen Brötchens von 1610 ist weitgehend aus den Bäckereien verschwunden. Die normalen Brötchen mit Schlitz, woanders sagt man Schrippen, sind aber vom gleichen Teig, Gewicht und Geschmack. Ein halbes reicht, denn zusätzlich zu den ohnehin schon gehaltvollen Keksen, von denen es in jedem Fall zwei braucht, gehört auch noch gute Butter zum Rezept.

INFOS

WO: Kemm'sche Kuchen gibt es im gut sortierten Lebensmitteleinzelhandel zu kaufen – oder bei der Drogerie ums Eck.

WANN: Im Grunde immer. Aber in der Nostalgiedose nur im Winter. Sie zieht mit Lebkuchen und Pfeffernüssen in die Regale. Der allerbeste Zeitpunkt ist der erste grieselgraue Oktobertag, an dem man ein Quäntchen Trost vertragen kann.

WIE SCHMECKTS: Nach Zimt und Nelken, nach Sirup und Salz, ein bisschen nach Lebkuchen, ein wenig wie Spekulatius oder anders gesagt – lecker.

Ab Oktober in
den Drogerien

Hamburger
Frühstück

Seit 1932 in der Tunnelstraße: die Veddeler Fischgaststätte

32

Mittag machen in der Veddeler Fischgaststätte

Gastrotrends kommen und gehen. Gebratenes Fischfilet aber begleitet echte Hamburger:innen ein Leben lang. So wie die älteste Fischbratküche.

Mittags reicht die Baby-Portion.

Kurz vor dem Zweiten Weltkrieg entwickelte sich eine aufregende Gastroszene rund um die Tunnelstraße. In den prächtigen Gründerzeitgebäuden eröffneten Frühstückslokale, piekfeine Restaurants und einfache Gaststätten, Kneipen und Destillen. Man vergnügte sich auf dem Peute-Schiff, im Fährhaus, im Ballhaus – gleich bei den neuen Elbbrücken. Im Veddeler Hof spiegelte sich ein gewaltiger Kronenleuchter im blank geputzten Parkettboden. Bei Boll's gabs Kabarett. In Ulrichs Tanzdiele wurde geschwoft, und bei Matthes in der Tunnelstraße 70 standen sie Schlange, lange bevor die Tür zur Fischbratküche aufging.

Wer die Adresse heute ansteuert, kann sich beim besten Willen nicht mehr vorstellen, dass die Ecke mal den Beinamen »Klein St. Pauli« trug. Es ist ja schon schwer genug, die Tunnelstraße überhaupt zu finden. Der Krieg, die große Flut und die Verkehrspolitik des Senats haben dem ehemals illustren Quartier das Leben gründlich ausgetrieben. Nur die Fischbratküche hat sich behauptet. Sie ist ein gallisches Dorf im Nirgendwo. Ein Gestern im Heute. Ein Ort, den man sofort in sein Herz schließt. Denn Liebe geht bekanntlich durch den Magen.

Gegessen wird mit Zweigabeltechnik

Die älteste Fischbratküche von Hamburg hat sich noch nie einer Mode unterworfen. Heringe, Fischfrikadellen, gebackene Scholle und gebratenes Fischfilet stehen auf der Karte. Dazu gibt es Kartoffelsalat, Pommes oder Gurkensalat. Und weil man die Jahrzehnte nicht mit gastronomischen Experimenten vertüdelt hat, brachte man es mit jedem Gericht zur Meisterklasse. Im Sommer sitzt man erstaunlich idyllisch im Garten neben der Autobahn; bei Schietwetter an den Resopaltischen des Gastraums im Fifties-Look. Dort ziert ein Fischernetz die Wände und an der Säule in der Mitte ist abzulesen, wie hoch das Wasser hier 1962 stand. Gegessen wird in der Veddeler Fischgaststätte mit zwei Gabeln. Wer nach einem Messer fragt, outet sich als Banause. Das war schon vor 90 Jahren so, als die Jungs vom Brückenbau den Löwenteil der Gäste ausmachten. Noch immer richten sich die Öffnungszeiten nach den Bedürfnissen der Menschen, die hart und körperlich arbeiten. Am Wochenende und feiertags bleibt die Küche kalt. Von Montag bis Freitag muss die Bestellung allerspätestens um Viertel nach fünf aufgegeben sein. Denn um 17.45 Uhr ist Schluss. Dann wird das Herzstück, der Fischbratofen von 1947, abgeschaltet und blank gescheuert.

INFOS

VEDDELER FISCHGASTSTÄTTE: Tunnelstraße 70. Öffnungszeiten: Mo–Fr 11–17.45 Uhr, feiertags geschlossen. Anreise: U4, kurzer Spaziergang über die Elbbrücken.

GUT ZU WISSEN: Als Mittagessen empfiehlt sich die Babyportion – drei Filetstücke – mit Gurkensalat. Die kleine Portion – fünf Filetstücke – mit Kartoffelsalat oder Pommes frites ist etwas für den großen Hunger. Die große Portion – sieben Filetstücke – kann sich ein normaler Mensch zwar locker leisten; aber niemals aufessen.

33

Zum Abendbrot in die Oberhafen-Kantine

Tradition verbindet

Im Norden sagt man »Es beten scheef, hett Gott leev« und das heißt, es muss nicht immer alles penibel stromlinienförmig und akkurat zugehen. Schon gar nicht in Hamburg. Dort gilt: je schräger desto besser. Dafür ist Everybody's Darling, die windschiefe Oberhafen-Kantine, der beste Beweis. Sie ist aber auch ein Schätzchen, die letzte alte Kaffeeklappe. Mit ordentlich Schlagseite von 8,7 Prozent und einer Karte, die etliche traditionelle Speisen bewahrt, die man andernorts kaum mehr finden kann. Zum Beispiel den Ur-Hamburger, das Rundstück warm mit Schüh. Oder die gute alte Weißwurst.

Hamburger und Weißwürste

Weißwurst kannte man an der Elbe schon, als an der Isar noch niemand ans Zuzeln dachte. Der »eiserne Marschall«, General Davout, hatte sie aus Frankreich mitgebracht. Nicht, dass man ihm darüber verzeihen könnte, am Nikolausabend 1813 die halbe Stadt abgebrannt zu haben. Aber lecker ist sie schon – besonders beim opulenten Abendbrot, das man in der Oberhafen-Kantine grundsätzlich mit Freunden teilt.

hafen
39
fritz-kola

34

Den Tag mit einem Eis vom Eismann krönen

Wenns am Abend 2 x klingelt

Wer zwei, drei Sommer in Hamburg erlebt hat, entwickelt eine Art inneren Zwang, noch den kleinsten Sonnenstrahl zu nutzen. Drinnen bleiben ist dann keine Option mehr. Selbst wenn man überhaupt keine Lust hat rauszugehen. Zu schlecht wäre das Gewissen. Das gilt ganz besonders für warme Abende. Die sind nämlich noch seltener als die schönen Tage. Aber es gibt einen Grund, sich zwei-, dreimal pro Sommer dem Stubenhocken hinzugeben.

Dem Ruf der Glocke folgen

Wenn alle Welt im Beach Club chillt und nur noch Kinder auf der Straße spielen, bimmelt irgendwann – wie von weither – der Eismann mit seiner Glocke. Dann muss man hastig alle Taschen nach einem oder zwei Euro durchsuchen. Die Angst, man könne zu spät kommen, gehört genauso zum Vergnügen wie die Erleichterung, wenn man die lange Schlange am Eiswagen sieht. Die Hauptsache ist aber eine Kugel Eis, das nicht nach Basilikum oder Avocado schmeckt – sondern ganz schlicht nach Erdbeere, Vanille, Waldmeister oder Schokolade.

Dafür lohnt es sich,
im Viertel zu bleiben.

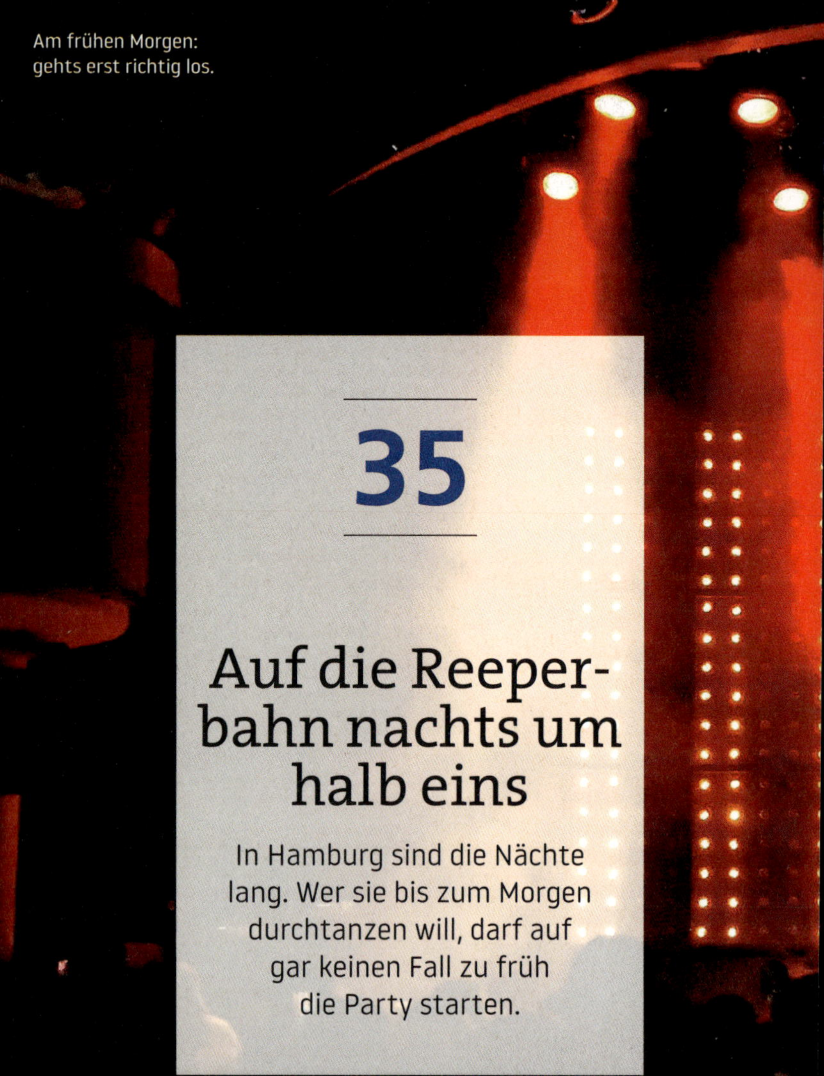

Am frühen Morgen:
gehts erst richtig los.

35

Auf die Reeperbahn nachts um halb eins

In Hamburg sind die Nächte lang. Wer sie bis zum Morgen durchtanzen will, darf auf gar keinen Fall zu früh die Party starten.

Die besten Kneipen verstecken sich abseits der Reeperbahn.

Das Amüsement auf der Reeperbahn folgt seit mehr als 200 Jahren nach drei Gesetzmäßigkeiten. Erstens: In jeder Dekade wieder wird die sündigste Meile der Welt totgesagt. Das alte St. Pauli gibt es nicht mehr, heißt es dann. Und auf einmal schimmert das Rotlicht gar nicht mehr so verführerisch. Verfall, Verbrechen und Nepp nehmen überhand. Aber kurz bevor der Lack endgültig ab ist, wenn gerade alles dahin scheint und die Schwalben den Abgesang von den Bordsteinen singen, erschließt sich eine neue Generation Party People Nischen im Elend. Und dann beginnen St. Paulis Sterne wieder zu leuchten.

Das Märchen vom alten St. Pauli

Zweitens: Es ist egal, ob man seine ersten Tanzschritte auf der Reeperbahn in einer Phase des Auf- oder Abschwungs macht. Jede Dekade hat ihre Vorzüge. In den Goldenen Jahrzehnten teilen sich die besten Künstler:innen der Welt die Bühnen von St. Pauli, und man vergnügt sich in den angesagtesten Clubs. In den folgenden dunkleren Zeiten braucht es ein bisschen mehr Entdeckergeist. Wer ihn mitbringt, wird selbst Teil der Avantgarde, die den Kiez neu erfindet. Wann immer man sich also auf der Reeperbahn herumtreibt,

Schon Hans Albers besang »der Großen Freiheit Glück«.

kann man die Zeit seines Lebens haben. Solange man sich an die dritte Regel hält: bloß nicht zu früh damit anfangen.

Die Macht der Nacht

Als St. Pauli noch eine Vorstadt war, schloss sich abends das Millerntor, eine Wache, flankiert von Steinmauern und Metallzäunen. Wer den Torschluss verpasste, musste die Zeit bis zum nächsten Morgen irgendwie im Hafenviertel herumbringen. Dabei entstand nicht nur die heute als Torschlusspanik bekannte Angst, zu spät zu kommen, sondern auch der Mythos von St. Lustig und St. Liederlich – den zwei Gesichtern der Reeperbahn. Sie entfalten ihre Zauber nur im Schutz der Nacht. Bei Tage ist die sündigste Meile der Welt ein trostloser Ort, am frühen Abend fest in den Händen der Touristen. Erst wenn sich die letzte Menschentraube rund um die Comedians, Dragqueens und Nachtwächter aufgelöst hat, gehen echte Experten los. Als Hausnummer gilt schon seit Hans Albers: nachts um halb eins. Und ja, das kann anstrengend sein, besonders wenn man aus Gefilden stammt, die eine Sperrstunde kennen. Der beste Tipp für »Quiddjes« und Nachwuchsnachtschwärmer lautet daher: vorschlafen. Denn in Hamburg sind die Nächte lang.

Allein der Sonnenaufgang lohnt schon den Fischmarktbummel.

36

Durchhalten, bis der Fischmarkt öffnet

Seit 1703 ist sonntägliches Frühschoppen auf dem Altonaer Fischmarkt ebenso vergnüglich wie das Katerfrühstück nach einer Nacht in St. Pauli.

Wer Reeperbahn sagt, muss auch Fischmarkt sagen. Jedenfalls einmal im Leben. Denn man kann zwar auch den Wecker am Sonntag auf »verdammt früh« stellen, um pünktlich mit den ersten Markthändlern am Start zu sein. Aber das steht im Laufe eines erfüllten langen Hamburger Lebens sowieso noch häufig genug an: nämlich bei jedem Verwandtenbesuch wieder. Vor allem aber ist es nicht das Gleiche.

Auf der Reeperbahn morgens um fünf

Es macht einen gewaltigen Unterschied, ob man vor oder nach dem Aufstehen auf den Fischmarkt geht. Topfit und wetterfest gekleidet, bekommt man ehrlich gesagt etwas mehr mit vom bunten Treiben. Man bleibt aber auch Betrachter:in. In zertanzten Schuhen wird man Teil der Szenerie. Es beginnt schon, wenn

Bei Touristen sind Flechtkörbe mit Früchten der Renner.

man vom Kiez zum Hafen runterstolpert (oder stöckelt). Vor einem ein paar Jungs, die so tun, als würden sie in ihren Shirts nicht frieren. Gleich dahinter eine Gruppe Junggesellinnen, die Krönchen auf halb acht.

Aale, Aale, Aale

In den Sommermonaten beginnt der Fischmarkt pünktlich zum Sonnenaufgang über der Elbe. Knallorange oder leuchtend gelb steigt sie über den Hafenkranen auf und setzt ihre Spots auf hellblaue Wellen, Dampfer und Backsteinfassaden. Im Winter geht es erst zwei Stunden später los. Dann sind Himmel und Hafen noch in Nachtblau gehüllt und die Marktstände festlich beleuchtet. Frühaufsteher:innen sind oft ein bisschen überfordert von dem Gedränge. Bis zu 70 000 Leute tummeln sich an den Ständen von Nudel-Olli, Wurst-Herby und Käse-Tomi. Wer grad aus dem Club kommt, findet das weniger erschütternd und die Snacks von Aale-Dieter, dem König der Marktschreier, lustig. Es heißt, er hätte eine klassische Gesangsausbildung genossen, und einmal wählte ihn das *Manager Magazin* unter die Top Ten der besten Verkäufer. In jedem Fall schmeckt ein Eierlikör bei Eier-Carl als Absacker einfach besser als direkt nach dem Aufstehen. Und dann aber endgültig ab zum Katerfrühstück.

In guten Jahren werden mehr als eine Million Marktbesucher beglückt.

Himmel & Hafen

Besonders bei Schietwetter ist die Altonaer Fischauktionshalle der willkommene Rettungsanker nach einer langen Nacht. Zwar muss man ein bisschen lauter schnacken, um die Liveband zu übertönen. Aber nirgends im Hafen ist es so kuschelig warm wie an den langen Holztischen der beeindruckenden Markthalle aus Buddelstahl. Im Sommer schnappt man sich besser ein Fischbrötchen, lässt die Beine von der Kaimauer baumeln und verliebt sich zum hundertsten Mal in die Stadt.

INFOS

ÖFFNUNGSZEITEN: Immer wieder sonntags. Im Sommer von 5–9.30 Uhr, im Winter von 7–11 Uhr. Bei Hochwasser überflutet das Gelände. Dann wird der Fischmarkt abgesagt.

ABREISE: Fußläufig zu erreichen sind die S-Bahn-Haltestellen Königsstraße und Reeperbahn oder die U3 Landungsbrücken. Fähre geht natürlich auch. Die Linie 62 macht direkt am Altonaer Fischmarkt fest.

Kunst, Musik und lauter nette Leute

37

Die Kunst (zu) feiern auf dem MS Artville

Kunst gehört auf Festivals dazu. Doch selten hat sie einen so hohen Stellenwert wie auf dem MS Artville; der schönen Schwester des MS Dockville.

Es ist schon einiges Wasser die Süderelbe heruntergeflossen, seit Tocotronic und 2raumwohnung beim allerersten MS-Dockville-Festival 5000 Menschen nach Wilhelmsburg lockten. Unter ihnen waren etliche, die noch nie zuvor einen Fuß auf die Elbinsel gesetzt hatten. Seitdem gilt der ehemals weiße Fleck auf der Hamburger Landkarte als place to be, und der Run auf die Tickets des nächsten Jahres beginnt schon, wenn die diesjährigen Bühnen noch abgebaut werden. Das Dockville besuchen mittlerweile locker 60 000. Und noch immer funktioniert der ewig lange Weg von der Bahn durch Arbeiterquartiere, Containerschluchten und Industriekulisse zum Reiherstiegknie als spannungsgeladenes Intro. Und noch immer steigert sich die Verzauberung, wenn man das Festivalgelände endlich betritt. Ein Sommerwunderland im Nirgendwo; geschaffen von internationalen Künstler:innen und Künstlerkollektiven.

Kunst, Kreativität und glückliche Menschen

Von Anfang an war das Besondere am MS Dockville der gleichberechtigte Dialog zwischen Musik und Kunst. Anders als auf anderen Festivals dienten hier nicht eine Handvoll Skulpturen als Deko. Die Kunst ist zentraler Bestandteil und wird im Rahmen des MS Arteville mindestens so gefeiert wie die Musik. Bummelig einen Monat lang fungiert die künstlerische Spielwiese als Open-Air-Galerie in progress, flankiert von Konzerten, Performances und Veranstaltungen. Den Auftakt bildet das Richtfest, bei dem erste Kunstwerke eingeweiht werden. Das Burgfest findet extra für Wilhelmsburger:innen mit buntem Rahmenprogramm und vielen Angeboten für Kinder statt. Die Künstler:innen leben während des Festivals auf dem Gelände und arbeiten unter einem Metathema im Kollektiv oder an der eigenen Position. So werden jedes Wochenende weitere Werke fertig, vorgestellt und reflektiert.

Kommt zusammen – das kann keiner allein

Erstbesucher:innen sind manchmal geradezu erschrocken, mit welcher Freundlichkeit sie auf dem MS Arteville begrüßt werden. Sogenannte Kommunikatoren geben erste Orientierung über das Gelände, Hinweise auf Führungen, Talks und Workshops, und falls man sich erst mal selbst umschauen möchte, heißen sie einen einfach nur willkommen und wünschen viel Spaß. Das ist man ja nicht unbedingt gewöhnt, weder aus dem Kunstbetrieb noch von anderen Festivals. Auf dem Artville ist der Austausch Teil des Konzepts und Offenheit die große Überschrift.

Urban Open Air Art in Wilhelmsburg

INFOS

Etliche Formate am Reiherstieg gehören zu den Höhepunkten des Hamburger Sommers; vor allem:

MS DOCKVILLE: Um die Tickets für das Mutterfestival sollte man sich frühzeitig kümmern.

MS ARTVILLE: Open-Air-Galerie mit Musik, einen Sommermonat lang fast täglich geöffnet.

VOGELBALL: Auf dem queeren Maskenball tanzen die Gäste als Vögel verkleidet.

BUTTERLAND: Hamburg, Hafen, Housemusik – die größte Sause von Wilhelmsburg. Mehr zum was, wann, wo und wie unter www.kopfundsteine.de

Palmeninsel im Park Fiction

38

Bei Elphie und Zwölphie reinhören

Der Sound der City? Nicht so leicht zu bestimmen. Zu vielfältig die Musikszene – zu groß die Bandbreite der Konzerte von Elphie bis Zwölphie.

Kultur und Gegenkultur, U- und E-Musik, Brahms und Beatles. Klassik, Pop, Indie, Hip-Hop, Techno, Electro in allen Variationen. Hamburg ist eine Musikmetropole. Seit 1678 die erste Bürgeroper Europas am Gänsemarkt eröffnete, sind Hamburger:innen ganz versessen auf Livemusik. Die Szene ist außerordentlich lebendig, und es vergeht kein Abend ohne Konzerte in Clubs und Bars, auf großen Bühnen oder Open Air, in Schaufenstern, von Lastwagen herunter oder auf der Straße. Den echten Hamburg-Sound zu finden, ist daher gar nicht so einfach. Er spielt irgendwo zwischen dem Goldenen Pudel und dem Kaispeicher A.

Neue Sichtweisen: Elphie

Jedes Kind hätte daraufkommen können, dass ein Konzerthaus der Extraklasse nicht schnell und billig zu bauen ist. Nicht aber der Senat. Und so galt die Elbphilharmonie über lange (Bau-)Zeit als so ärgerlich und peinlich wie höchstens noch der Flughafen von Berlin. Aber dann: Als die Fertigstellung erst einmal um sieben Jahre und das Budget um 800 Millionen Euro überrissen war, stellte tout Hambourg von heute auf morgen das Nörgeln ein. Seitdem ist man stolz auf die Elphie: ein Gesamtkunstwerk bis in die kleinste Schraube. Der große Konzertsaal ist eine dreistöckige, schalldichte, frei schwebende Betonkugel, die – ernsthaft jetzt – mit Gummibändern an der Decke befestigt ist. 2100 Menschen finden auf den geschwungenen Rängen Platz – und das Line-up kann sich sehen lassen. Es richtet sich nicht an handverlesene Hanseaten, sondern: an alle. Also hin da!

Lebendige Traditionen: Zwölphie

Groß war die Trauer, als am Valentinstag 2016 der Golden Pudel abbrannte. Es hätte gut das Aus bedeuten können für die Clubikone am Hafenrand, die immer irgendwie Subkultur bleibt, obwohl sie längst in allen Reiseführern dieser Welt empfohlen wird. Seit die Allroundkünstler Rocko Schamoni und Schorsch Kamerun den Club als Ort der Gegenkultur initiierten, ist der Pudel nie wirklich zu fassen. Das bleibt hoffentlich auch so und eng und laut und schwitzig, obwohl der Club inzwischen in eine Stiftung überführt wurde. Ein Freiraum für Experimente soll er sein, ein Leerraum, eine »Elbphilharmonie der Herzen«. Seit dem Wiederaufbau kann man sogar schon tagsüber vorbeischauen; beim neuen Vereinsmitglied, dem Pudelchen Barboncino Zwölphie. Dort gibt es nicht nur gutes Essen, sondern auch gute Lesungen, gute Filme und natürlich – gute Musik.

Elphie

Zwölphie

Die Gegenkultur geht für Utopien auf die Straße.

39

Unter der Sternbrücke tanzen

Tanzen ist politisch.
Party ein Protest. Die Subkultur lädt alle ein, Teil des Widerstands gegen Verdrängung zu werden.
Und zu feiern.

Astra-Stube, Waagenbau, Fundbureau – um nur mal einige der kleinen Clubgrößen unter der Sternbrücke zu nennen, die vom Abriss bedroht sind. Das waren sie schon, als Fatih Akin hier einige Szenen von everybody's Lieblingsstreifen *Soul Kitchen* drehte. Das Lexikon des internationalen Films nannte ihn eine »Heimatkomödie um die Suche nach Geborgenheit in einer sich rasant verändernden urbanen Welt, der es weniger um einen Ort als um die Verwurzelung in einer Gemeinschaft und einem Lebensgefühl geht«. Gentrifizierung heißt das Stichwort, von dem beinahe alle ein Lied pfeifen können, die in Hamburg mieten. Ob Wohnung oder Laden, Gastronomin oder Pistengänger. Ob beste Citylage oder jwd, irgendwann kommen die Immobilienhaie. Dann wird verdrängt, abgerissen, neu bebaut – und Hamburg hat einen weiteren Teil seiner Seele verloren.

Komm in die Gänge und Hinterhöfe

Doch noch leisten einige gallische Dörfer Widerstand. Gerade subkulturellen Initiativen gelingt es immer wieder, ein Stück Stadtgeschichte zu retten. Denn sie haben eine der größten und mächtigsten Unterstützergruppen hinter sich: die Nachtgemeinde. Es hat sich beim Partyvolk herumgeflüstert, dass Ausstellungen, Lesungen, Konzerte und Feste an bedrohten Orten Hamburgs zu den spannendsten Inszenierungen gehören. Das gilt nicht nur für die Kreiselkonzerte der Initiative Sternbrücke, sondern auch für die Vernissagen im Salon von Wohl oder Übel, die Hinterhofpartys von Viva la Bernie, die Demos vom St. Pauli Code JETZT!. Es lohnt sich unbedingt, ihnen auf Social Media zu folgen, um keine Aktion oder Veranstaltung zu verpassen. Gute Musik und die Möglichkeit, das Tanzbein zu schwingen, gibt es dabei fast immer. Tanzen gehört zum Hamburger Protest dazu. Das war schon so, als die Swing-Jugend sich dem Gleichschritt des NS-Regimes verweigerte.

Verhindere das Verschwinden deiner Welt

Heute tanzt man nicht mehr um sein Leben. Aber immerhin doch für eine kleine Utopie. Und wenn es gut läuft, wenn genügend mitmachen, wird sie sogar wahr. Denn ist erst einmal eine kritische Tanzmenge erreicht, kann selbst die Politik nicht mehr daran vorbeigucken, welchen Wert subkulturelle Räume bieten. So ist es im Kreativquartier Oberhafen passiert, im Gängeviertel in der Innenstadt oder im Park Fiction. Sie alle haben mal als kleine Inis angefangen und sind bis heute zu den beliebtesten Orten der Stadt avanciert.

Das Gängeviertel bewahrt ein wichtiges Kapitel Stadtgeschichte.

40

Auf Planken schwanken

Wiegeschritt und Seemannsgang

Dass die Party in einer Hafenstadt ab und zu aufs Boot verlegt wird, versteht sich von selbst. Wer mal an Bord eines schwimmenden Partykellers unterm Sternenhimmel statt der Discokugel die Wogen hochgehen ließ, vergisst das so schnell nicht. Für Einsteiger:innen bietet sich *Frau Hedis Tanzcafé* an. Die altmodische Barkasse startet an den Landungsbrücken und wird in den Sommermonaten von ihren Schwestern (*Claudia*, *Christa* usw.) unterstützt.

Feuerwerk über dem Hafen

Konzertgänger:innen lieben das ehemalige Kühl- und Transportschiff *MS Stubnitz*, das in der Hafencity vor Anker liegt. Schräg gegenüber befindet sich der Heimathafen der *MS Koi*. Das modernste Eventschiff Europas kannst du für dein eigenes rauschendes Fest kurzerhand mieten. Falls ihr nur zu zweit feiert, ist es ratsam, noch bis Silvester zu warten. Das Feuerwerk über dem Hafen gehört für echte Hamburger:innen – vom Deck eines Salondampfers bewundert – zu den romantischsten Dingen, die man in der Elbmetropole erleben kann.

Die *Koi* liegt im Hamburger Binnenhafen vor Anker.

Schunkeln und schaukeln auf den Barkassen

Sommernachts-spaß auf dem Platz der Republik

41

Kultur genießen auf der altonale

Von der Großen Freiheit bis Blankenese, von Ottensen bis Lurup – bunter und vielfältiger als Altona ist nur noch die jährliche Kultursause.

Am besten nichts vornehmen für die altonale, sondern treiben lassen

Von April bis Oktober läuft die Saison der Straßenfeste in Hamburg. Dann zeigen sich die 104 Stadtteile von ihrer besten Seite; mit Food-Ständen und Livemusik, Anwohnerflohmärkten und Kinderprogramm. Ob klein und selbst organisiert oder professionell und von großen Sponsoren getragen, szenig oder politisch, queer oder multikulturell – Straßenfeste spiegeln immer auch das Quartier und seine Anwohnerschaft wider. Und wie in so vieler Hinsicht nimmt Altona da einen besonderen Platz ein. Den Platz der Republik nämlich, wo jeder Abend mit Boule und Rotwein gefeiert wird und im Sommer das Herz der altonale schlägt.

Das familiärste Fest im Norden

Unter den Straßenfesten ist die altonale die beste Freundin aus Schulzeiten. Eine, mit der man tagelang feiern kann, die es einem aber auch nicht krummnimmt, wenn man sich ein paar Jahre nicht blicken lässt. Beim nächsten Besuch empfängt sie einen dann umso herzlicher. Und falls man ein paar neue Leute mit im Gepäck hat, werden die gleich mitumarmt. Wie die altonale es Jahr für Jahr hinkriegt, dass die Atmosphäre persönlich und familiär bleibt, ist ihr Geheimnis. Längst hat sie sich vom Straßenfest zum größten Kulturfestival Norddeutschlands entwickelt.

Zwei Wochen lang spielt die Musik umsonst und draußen.

Fast eine halbe Million Menschen lassen sich mehr als zwei Wochen von über 2000 Künstler:innen auf gut 200 Veranstaltungen verzaubern. Lieblingsplätze und ungewöhnliche Orte werden dann mit Tanz, Literatur, Musik, Kunst, Film und Theater bespielt. Da gibt es Kunst in Schaufenstern und Off-Galerien, Publikumsrenner wie die Spaziergänge der Poet:innen im Park oder die Lesungen auf der *MS Commodore* beim Format »Literatur Ahoi!«, Balkontheater und Pop-up-Kinos, Musik unter Sternen und Lichtprojektionen, Tanzworkshops und zeitgeistigen Zirkus. Einen ersten Höhepunkt bildet traditionell »STAMP« zum Auftakt der altonale. Beim internationalen Festival der Straßenkünstler wird ganz Altona zur Bühne, das Publikum oft Teil der Performance.

Bunt, bunter, altonale

Man kann die altonale natürlich auch wie ein fast normales Straßenfest besuchen. Vom veganen Food-Truck zum Bratwurststand schlendern, bei den Street Games neue Trendsportarten ausprobieren, auf Kunst-, Antik- und Flohmarkt stöbern oder auf dem Platz der Republik einen ganz entspannten Sommerabend mit Freunden genießen. Dafür hat sich die altonale ein gutes Zeitfenster gesichert; meist im Juni/Juli. Wann es das nächste Mal so weit ist, erfährst du unter www.altonale.de.

42

Ein Absacker im Schellfischposten

Sie sind umrankt von unzähligen Geschichten. Unzählige Sorgen wurden an ihren Tresen heruntergespült. Ein Prosit auf die Hafenkneipe(n).

IN HAMBU
um Schellfischposten
www.schellfischposten.de

Es gibt ältere Kneipen in Hamburg, aber eben nicht speziell für Seemänner in Altona.

Seit 1929 sendet der NDR die älteste Radiosendung der Welt, das sonntägliche Hamburger Hafenkonzert, live von Orten, die eng mit der Seefahrt verbunden sind. Immer wieder auch aus dem Schellfischposten, einer winzigen Kneipe, in der seit mehr als 100 Jahren die Wogen hochgehen. Um Kundschaft war man hier nie verlegen. Dafür sorgte ab 1902 die Seemannsmission zwei Häuser weiter. Bis heute erholen sich dort – jetzt im Seemannnshotel – Seeleute von den Strapazen an Bord. Mit ihnen allein wäre heute allerdings kein Geschäft mehr zu machen. Früher blieben sie oft Monate und hauten im Hafen ihre Heuer auf den Kopf. Heute geht es meist schon nach ein, zwei Nächten weiter. Die bärbeißigen Typen mit Bart und Mütze sind genauso aus dem Straßenbild verschwunden wie die Hafenarbeiter.

Kein Matrose ohé

Als die Werften drüben auf der anderen Elbseite noch boomten, brachen die Arbeiter zu Zehntausenden frühmorgens in den Vorstädten auf. Von Hamm und Barmbek, Eppendorf, Eimsbüttel zogen sie sternförmig an den Elbhang. Er war damals noch nicht von übermäßig vielen Straßen erschlossen. Um die Massen heil runterzukriegen, entstanden die Hafentreppen, von denen nur

Absacker mit Elbblick gleich neben der Seemannsmission: die Haifischbar

noch wenige erhalten sind. Eine der schönsten ist die monumentale Köhlbrandtreppe von 1887 gleich beim Schellfischposten. Wer dort im Morgengrauen runtertappte, im Boot über den Fluss paddelte, zwölf bis 14 Stunden schuftete, um dann wieder zurückzurudern, hatte sich ein Feierabendbier vor dem langen Marsch nach Hause redlich verdient.

Warten bis zum Feierabend

Ihren Namen verdankt die Kneipe einer technischen Neuerung aus dem Jahr 1876. Zuvor mussten Waren, die im Hafen anlandeten, mittels Aufzug auf den Hang gehievt werden. Dann eröffnete der Hafenbahntunnel der Altonaer-Kieler Eisenbahngesellschaft, im Volksmund bald »Schellfischtunnel« genannt. Der Schellfischposten diente als Wartesaal. Später verkam die Große Elbstraße zunächst zum Straßenstrich, um sich etwa zur Jahrtausendwende in eine piekfeine Adresse zu verwandeln. Spätestens seit der Late-Night-Talk *Inas Nacht* im Schellfischposten aufgenommen wird, gehört er zu den Top-Touristenattraktionen. Wenn mal wieder kein Platz zu ergattern ist, geht man einfach nach nebenan in die Haifischbar. Dort gaben sich in den 1960er- und 1970er-Jahren Heidi Kabel und Freddy Quinn das Mikro in die Hand. Aber das ist schon wieder eine andere Geschichte.

43

Am Elbstrand schlafen

Die Chill-out-Zone der Stadt

Einst reimten die Fetten Brote »Ja, ich liebe die Schiffe, das Meer und den Hafen und ich lieb es nach 'ner Party breit am Elbstrand zu schlafen« und fassten damit das Lebensgefühl aller ambitionierten Pistengänger:innen zusammen. Denn man kennt sie ja, diese wunderbaren Nächte, die eigentlich nie vergehen sollten. Es sei denn, sie laufen direkt in einen wundervollen Tag über. Idealerweise mit den Füßen im Sand und einem Kaffee direkt von der Mutter aller Strandperlen oder einer anderen Bude entlang der Copacabana von Hamburg. Die brasilianische ist zwar zugegeben berühmter als die nordische Variante, misst allerdings nicht einmal ein Drittel des Elbstrandes.

Mit den Füßen im Sand

13 Kilometer Sand am Stück, da können nur wenige Städte mithalten. Dem *New Yorker* wars einen Platz in der Top Ten der Lieblingsorte in Europa am Wasser wert. Um in der Sonne zufrieden einzudösen und glücklich zu erwachen, braucht es übrigens nicht einmal die Party zuvor oder einen über den Durst. Nur einen Sonnentag; mehr dazu in Kapitel 46.

Sommer, Sonne, Beachfeeling

Elbecamp Blankenese

Amphibienhimmel Duvenstedter Brook

44

Expeditionen in die Großstadtdschungel

Hamburg gehört zu den grünsten Metropolen weltweit. Beinahe zur Hälfte besteht es aus Gärten, Weiden, Parks, Wäldern und Naturoasen.

Rotwild-Refugium Klövensteen

In keinem Bundesland steht prozentual gesehen so viel Fläche unter Naturschutz wie im Stadtstaat Hamburg. Nicht einmal ansatzweise. Fast ein Zehntel der Hansestadt ist für Pflanzen und Tiere reserviert. Jeder Bezirk ist mit etlichen grünen Oasen beschenkt, und wer alle Naturschutzgebiete erforschen möchte, kann sich auf 36 höchst unterschiedliche Ausflüge freuen.

36 ungeahnte Möglichkeiten

Hamburgs kleinstes Naturschutzgebiet, das Flottbektal, passt in die Mittagspause, kann aber auch einen ganzen Tag beglücken. Liegt es doch im grandiosen Jenischpark. Der Landschaftsgarten gilt mit seiner englischen Anmutung und den drei Museen nicht nur als Gesamtkunstwerk. Er ist auch prima per Schiff zu erreichen. Das hat er mit Hamburgs größtem Naturschutzgebiet gemeinsam; dem Nationalpark Wattenmeer. Um das älteste Naturschutzgebiet zu erreichen, braucht man ein eigenes Boot. Das Betreten der Elbinsel Neßsand ist grundsätzlich verboten. Aber an einigen ausgewiesenen Stellen darf man eben doch anlanden, um ein bisschen allein zu sein – am Strand. Hamburgs derzeit jüngstes Naturschutzgebiet ist die Diebek in Duvenstedt. Der Auenwald ist das Refugium von Eisvogel und Otter.

Heidschnucken-Heimat Fischbeker Heide

Wo die wilden Tiere wohnen

Auf Großwildjagd gehen Naturschützer:innen mit Fernglas und Kamera. In der Reit etwa hüpfen Frösche und Kröten en masse über die Deiche. Heidschnucken ziehen durch die Fischbeker Heide. Am Höltigbaum pflegen Landschafe die Wiesen und Tunneltäler, zusammen mit Ziegen und Robustrinderherden – und das ganz ohne Zäune. Steht man einem der sanften Riesen gegenüber, kann das Herz schon mal schneller schlagen. Genau wie im Duvenstedter Brook zur Brunftzeit oder wenn die Kraniche auf den Wiesen tanzen.

Die Letzten ihrer Art

Manche Naturschutzgebiete bewahren Pflanzen, Tiere oder Landschaftsformen, die nur noch hier vorkommen. In Boberg zum Beispiel zieht die letzte Wanderdüne Hamburgs mit einer Geschwindigkeit von zehn Zentimetern pro Jahr so andächtig wie majestätisch durch die Niederung. Die Urwälder Heuckenlock und Schweenssand gehören sogar zu den Letzten ihrer Art in ganz Europa. In den beiden Süßwassertideauen kommen Pflanzen vor, die es auf der ganzen Welt nicht mehr gibt. Aber das muss ja nicht so bleiben. Auf Kaltehofe wird gerade versucht, eine von ihnen, den Schierlings-Wasserfenchel, wieder anzusiedeln.

Rennstrecke an
der Dove Elbe

45

Radtour zur Südspitze

Diesen 26 Kilometer langen Klassiker schaffen selbst Gelegenheitsradler, denn die Räder rollen wie von selbst zum Zollenspieker.

Die Radtour zum Zollenspieker funktioniert als Rennstrecke genauso gut wie für Genussradler und führt von der City nicht nur zum östlichsten, sondern auch zum südlichsten Punkt von Hamburg. Die liegen nämlich direkt nebeneinander. Genauso wie der westlichste und nördlichste Punkt der Stadt. Allerdings führt auf die Wattenmeerinseln Scharhörn und Nigehörn kein Radweg. Ganz im Gegensatz zum Südpol am Krauel und der Ostgrenze in Allermöhe – mit Anbindung an den beliebtesten Radweg Deutschlands, den Elberadweg.

Leinen los am Oberhafen

Es ist doch immer wieder erstaunlich, wie schnell man in der zweitgrößten Gemeinde des Landes vom Citygewühl zur Seelenruhe kommt. Etwa auf der Promenadenpiste, die sich direkt hinter den Deichtorhallen vom Oberhafen zur Billwerder Bucht zieht. Vorbei am Großmarkt und unter den Elbbrücken hindurch ist

Warten auf die Fähre nach Niedersachsen

man schwuppdiwupp auf der Halbinsel Entenwerder. Dort funkelt der Goldene Pavillon so verführerisch durch die Pappeln, dass man direkt die erste Pause einlegen möchte. Aber man ist ja erst einige Minuten unterwegs. Vielleicht wandert das Ponton-Café Entenwerder 1 lieber auf den Notizzettel für die Rückkehr.

Immer an der Elbe lang

Über das zweitgrößte Sperrwerk Deutschlands gehts auf die nächste Halbinsel. Auf Kaltehofe wird Wasserkunst großgeschrieben. Schon vor über 100 Jahren entstanden die Filterbecken zur Aufbereitung von Trinkwasser. Heute beherbergt die Halbinsel Norddeutschlands modernste Ausstellung zur Wasserversorgung. Und wer die romantischen Schieberhäuschen noch nicht kennt, sollte sich unbedingt ein wenig Zeit nehmen, wenigstens über das Außengelände zu stromern. Kaltehofe durfte ein Vierteljahrhundert

nicht betreten werden. Umso ungestörter und prächtiger entwickelten sich Flora und Fauna. Wem die Architektur irgendwie bekannt vorkommt, hat recht. Die Anlage wurde von F. A. Meyer erdacht, dem Planer des UNESCO-Welterbes Speicherstadt.

Blumen- und Gemüsegarten der Stadt

Den kurzen Abstecher holt man schnell wieder ein. Es saust sich prima auf den Deichbegleitwegen, die ganz ohne Steigungen auskommen. Jenseits der Tatenberger Schleuse besteht Hamburg aus historischen Höfen und Gewächshäusern. Willkommen in den Vierlanden, dem Blumen- und Gemüsegarten der Stadt. Nun sind es nur noch wenige Kilometer bis zum Zollenspieker, einer Zoll- und Fährstelle aus dem 13. Jahrhundert. Hier gibts ein Kaltgetränk auf dem Deich von der Imbissbude oder unter der dicken Kastanie im Biergarten.

Leuchtturm
Wittenberger

46

Zur Elbwassertaufe nach Wittenbergen

Wer als Kind nicht mit Elbwasser getauft wurde, muss das irgendwann nachholen. Am leichtesten überwindet man sich an einem heißen Sommertag.

Es gibt eine Menge Gründe, nicht in der Elbe zu baden (siehe Infos). Aber wenn man schon in der Elbe baden muss (und manchmal muss das eben einfach sein), dann am Strand von Wittenbergen. Auf schluchtartigen Wegen an den schönsten Strand von Hamburg zu trudeln, ist für sich genommen schon die Anreise nach Rissen wert. Es ist keine schlechte Idee, ein bisschen mehr Zeit mitzubringen. Dann steigt man schon in Blankenese aus der Bahn und kann gleich noch den schönsten Wanderweg von Hamburg kennenlernen. Der Elbhöhenweg führt durch den versteckt liegenden Römischen Garten in die bewaldeten Hänge von Falkenstein. Der Tafelberg ist nicht ganz so schwer zu erklimmen wie sein berühmter Namensvetter. An norddeutschen Verhältnissen gemessen ist das Auf und Ab der Pfade, Treppen, Serpentinen aber durchaus knackig zu nennen.

Sommerfrische um die Jahrhundertwende

Am Strand angekommen, fällt als Erstes eine Gruppe Linden auf. Die Bäume wurden um 1900 gepflanzt und markierten die Terrasse des Fährhauses Wittenbergen. Damals kamen die Hamburger in Scharen mit dem Dampfer. Am Strand reihten sich Badekabinen, Strandkörbe, ein Musikpavillon, Schießbuden und Karussells. Geblieben sind nur die Linden. Und die beiden Leuchttürme, die ebenfalls um die Jahrhundertwende in Betrieb genommen wurden. Das Leuchtfeuer Wittenbergen am Westende lässt die Umgebung wie eine Kinderbuchzeichnung wirken. Der Strand bietet alles, was einen Strand ausmacht: feinen Sand, einen Anleger, sanitäre Anlagen, Bewachung durch die DLRG und sogar einen hippiesquen Campingplatz; das Elbecamp. Dort isst und trinkt man in den Sommermonaten zwischen 8 und 21 Uhr gern im Café und Restaurant Lüküs.

Alles, nur nicht einsam

Ein Geheimtipp ist der Strand von Wittenbergen nicht. Jedoch liegt er weit genug ab vom Schuss und ist daher auch selten so überlaufen wie die schneller erreichbaren Spots zwischen Övelgönne und Blankenese. So gesehen kann der letzte echte Naturstrand von Hamburg dann eben doch eine gute Alternative darstellen, wenn's zeitlich mal nicht mit Nord- oder Ostsee hinhaut. Hier wird gechillt und gegrillt, gefeiert und geschlafen. Und manchmal eben auch gebadet. Denn einmal im Leben müssen echte Hamburger das Elbwasser über dem Kopf zusammenschlagen lassen, während ein Ozeanriese vorüberzieht.

INFOS

STRANDFEELING: Maximal. Hier merkt man, dass Hamburg Meer kann.

WASSERQUALITÄT: Nicht so doll. Am schlechtesten nach längeren Regenfällen. Die Elbe ist kein Badegewässer.

SICHERHEIT: Die Elbe fließt schneller als der schnellste Schwimmer. Starker Sog und Schwell durch Schiffe sind gefährlich, rausschwimmen ist daher nicht angesagt. Eine kurze Abkühlung geht mit Vorsicht in Ordnung. Füße in den Wellen sind kein Problem.

DLRG-AUFSICHT: Mai–September.

13 Kilometer Strand bis zur City

Im Sommer bewacht die DLRG den Strand.

47

Eintrag ins Gipfelbuch des Hasselbracks

Unter den 16 Summits, den 16 höchsten Bergen der Bundesländer, ist der Hamburger der zweitkleinste. Und doch lohnt sich der Aufstieg ins Idyll.

Jetzt ist es nicht mehr weit: kurz vorm Gipfel

Top of the town

Auch unter den Kleinsten ist einer der Größte. Und der heißt in Hamburg Hasselbrack. Der höchste Punkt der Stadt befindet sich an der südlichen Grenze zu Niedersachsen in den Schwarzen Bergen, einem Nordausläufer der Harburger Berge. Naturräumlich wird er der Lüneburger Heide zugeordnet. Einer Landschaft also, die nicht unbedingt für schwindelerregende Höhen bekannt ist. Das hat sie mit dem Gipfel gemeinsam. Um den 116 Meter hohen Hasselbrack zu bezwingen, braucht es also nicht unbedingt Bergerfahrung. Detektivisches Gespür schon.

Der Hasselbrack ruft nicht. Er flüstert.

Keine Straße verläuft in der Nähe des Hasselbracks, geschweige denn hinauf. Der Gipfel ist nur über Wanderwege und Waldpfade zu erreichen. Und – jetzt kommt das Spaßige – er ist nicht ausgeschildert. Man muss ihn selber finden. Das ist extra so. Und das ist auch gut so. Würden sämtliche Alsterflaneure und Elbspaziergängerinnen zum Hasselbrack pilgern, wäre es dort oben vorbei mit der herrlichen Waldesruhe. Dabei ist sie die Hauptattraktion auf dieser Wanderung, auf der weder Panoramablicke gesammelt werden können noch Höhenkilometer. Als »größtenteils flach« charakterisiert dann auch die GPS-Navigationshilfe im Smartphone die Strecke vom Wander-

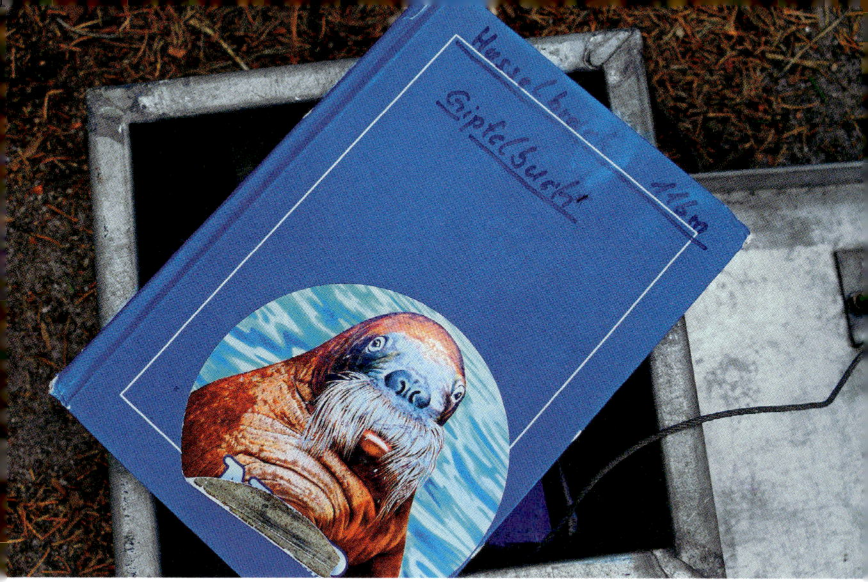

Ein Walross auf dem Berg

parkplatz Am Rosengarten im gleichnamigen Ort. Auch mit Wander-App, Karte oder Kompass ist der Weg von hier gut zu finden. Während man anfangs eher an Höhe verliert, geht es kurz vor Schluss doch tatsächlich ein paar knackige Schritte aufwärts.

Top of Hamburg

Völlig unvermittelt steht man bald darauf vor dem Gipfelstein aus weißem Granit. Der Ausblick ist denkbar unspektakulär, Wald zu allen Seiten. Er lenkt dementsprechend wenig ab, während man sich einen Satz für die Ewigkeit überlegt, also den Eintrag ins Gipfelbuch. Es befindet sich zusammen mit seinen Vorgängern und Geocaches in einer in den Boden eingelassenen Metallkassette. Sie schützt die zerfledderten Notizbücher vor der Witterung. In Bergregionen wird diese Tradition schon seit der Jahrhundertwende gepflegt. In Hamburg kann man erst seit 2009 nachlesen, welche Gedanken die Erst- und Mehrfachbesteiger:innen des Hasselbracks bewegten.

Mit vier Kilometern ist die Wanderung von Rosengarten aus die kürzeste Möglichkeit. Als weitere Startpunkte bieten sich das Freilichtmuseum am Kiekeberg, der Wildpark Schwarze Berge oder die Fischbeker Heide an. Je nach Wegführung kommt man dabei auf sechs bis 22 Kilometer.

Die Bunthäuser Spitze

48

Auf Hamburgs kleinsten Leuchtturm klettern

Wasser, Schafe, Deich, Ebbe, Flut – und ein Leuchtturm wie aus dem Bilderbuch. Moorwerder sieht aus wie Dithmarschen, ist bloß näher dran.

Leuchttürme sind prima Wegmarken. Das gilt nicht nur für Schiffe, sondern auch für Ausflügler:innen. Und ganz besonders in Wilhelmsburg, dem größten Stadtteil Hamburgs, der eigentlich eine Insel ist und so unterschiedliche Gesichter hat wie kaum ein anderer. Der Grad zwischen angenehm abgerockt und furchtbar öde ist schmal in dieser Gegend und wechselt innerhalb von Minuten. Steigt man etwa auf der krass von Industrie geprägten Veddel aus der S-Bahn, scheint kaum vorstellbar, in welches Idyll man innerhalb einer Viertelstunde eintauchen kann. Vorausgesetzt man hat sein Rad dabei – oder schnappt sich eins an der Stadtradstation.

Glück in Sicht

Es geht über Müggenwerder Hauptdeich, Obergeorgswerder Hauptdeich, Kreetsander Hauptdeich und Moor-

Unter der Woche ist Ruhe auf dem Deich.

werder Hauptdeich bis zur Inselspitze. Moorwerder, der Wilhelmsburger Inselsüden, ist komplett eingedeicht. Das ist auch deshalb praktisch, weil man sich dann nicht verfahren kann. Aber vor allem schützt der Deich natürlich vor Überflutung. Der Tidenhub der Elbe, also der Unterschied zwischen Niedrig- und Hochwasser, ist mit 3,50 Metern nicht ganz ohne. Neben der Tatsache, dass Deiche Leben retten, sind sie zeitlos schön.

Hier siehts im Sommer eigentlich nicht viel anders aus als im Winter. Und wenn die Sonne scheint, funktionieren die Moorwerder Deiche wie ein kilometerlanger Südbalkon. Das macht in der Kombination mit weidenden Schafherden richtig viel Natur und historischen Bauernhäusern die Gegend zum beliebten Ausflugsziel. Wenns irgend geht: den Sonntag meiden. Lieber einen stinknormalen Feierabend in etwas Wunderbares verwandeln.

Von der Elbe umarmt

An der Bunthäuser Spitze teilen sich Norder- und Süderelbe. Wer sich die Radtour entgehen lässt, kann immerhin sein Auto am Elbe-Tideauenzentrum im Alten Stackmeisterhaus abstellen. Von hier geht es nämlich nur noch zu Fuß weiter. Über den alten Deich von 1870 unter rauschenden Linden zum Leuchtfeuer Bunthaus. Nach einigen Hundert Metern ist die hölzerne Miniatur erreicht, die von 1914 bis 1977 Schiffen den Weg wies. Heute

Mit dem Rad ist die Tour am schönsten.

kümmert sich ein Verein um den Erhalt des maritimen Denkmals. Rot-weiß geringelt, wie es sich für einen Leuchtturm gehört, und mit einer umlaufenden Galerie versehen, hat er einen festen Platz im Herzen aller kleinen Hamburger:innen. Die großen kommen sich manchmal zunächst etwas albern vor. Mit nur sieben Metern gleicht das Leuchtfeuer einem Spielplatzgerät. Aber das ist ja gerade das Besondere. Rauf da!

INFOS

Leuchttürme kann man gar nicht genügend sammeln. Diese lohnen sich auf jeden Fall:

BLANKENESE: Einer der höchsten Leuchttürme Deutschlands ist das Oberfeuer am Yachthafen Mühlenberg. Bis zum Unterfeuer am Strand sind es tolle 1000 Meter auf dem Elbuferweg.

WITTENBERGEN: Der unfassbar schöne Otto-Schokoll-Höhenweg verbindet den Leuchtturm Wittenbergen (siehe Bucket Point 46) mit dem Tindsdaler Leuchtturm.

SCHIFFSPARTIE: Zum Ober- und Unterfeuer am Bubendey-Ufer schippert die beliebte Linie 62.

Im Frühling putzt sich das Alte Land raus.

49

Zur Saisonarbeit ins Alte Land

Wenn Job und/oder Stadt mal wieder nerven, denkt man gern über ein Leben auf dem Land nach. Zeit für ein Tagespraktikum im Alten Land.

Obstbauern zeigen gern, was sie haben.

Das Alte Land ist das größte Obstanbaugebiet Europas und vom Frühling bis zum Herbst einer der schönsten Arbeitsplätze, die man sich vorstellen kann. Verdienen tut man dabei auch nicht schlecht, und damit halten die Obstbauern nicht gerade hinterm Berg. Jedes der prachtvollen Altländer Bauernhäuser ist anders gestaltet. Die typischen Prunkpforten, Giebelzierden und kunstvolles Buntfachwerk symbolisieren den Wohlstand ihrer Besitzer, die sich gern zu übertrumpfen scheinen. Der erste Eindruck der Gemeinde Jork überwältigt mindestens ebenso wie der Time Square in New York. Auf den zweiten Blick erinnert das Zentrum des Alten Landes eher an Amsterdam. Grachten, Windmühlen, Brücken – und Radfahrer:innen. En masse.

Hochsaison ist im Frühling, Sommer und Herbst

Das Fahrrad ist eben auch die tollste Art, das Alte Land zu entdecken. Vom Fähranleger in Finkenwerder sind es fixe acht Kilometer bis zum Este-Sperrwerk, dem Tor zum Alten Land. Im Frühling, wenn mehr als zehn Millionen Obstbäume blühen, lässt man das Rad dann am besten direkt dort stehen, um von Cranz nach Estebrügge zu wandern. Der ausgeschilderte Weg schlängelt sich zusammen mit der Este in das Bilderbuch-Örtchen. Auf dem

Kirchplatz kann man dann in einer umfunktionierten Erntegroßkiste Geschichten aus dem Alten Land hören und erfährt, dass die Arbeit auf den Plantagen trotz märchenhafter Szenerie kein Zuckerschlecken ist. Und dass die Kirschen immer noch mit der Hand gepflückt werden. Das darf man im Sommer in den Kirschenwochen auf etlichen Obsthöfen selbst ausprobieren.

Am besten schmeckt die Ernte auf dem Deich

In den Sommermonaten wird immer irgendeine Frucht gerade erntereif. Kirschen, Beeren, Mirabellen, Birnen, Pflaumen, in der Hauptsache aber Äpfel. Die Apfel-Selbstpflück-Saison beginnt irgendwann im August und läuft bis Ende Oktober. Dabei darf man auf einigen Höfen während des Pflückens so viel naschen, wie man mag. Es ist aber unwahrscheinlich, dass sich je jemand durch alle Sorten probiert hätte. Auf den Plantagen wachsen mehr als 250 Apfelsorten. Ähnlich artenreich ist die breite Palette an Veranstaltungen. Hofführungen, Verkostungen, ganzen Erlebnistagen, Picknicks unter Bäumen und natürlich tollen Hofläden und Hofcafés. Auch wer hinterher nicht beruflich in den Obstbau einsteigt, hat immerhin einen idyllischen Urlaubstag erlebt.

INFOS

BESTE ZEIT: Den in Hamburg selbstverständlichen Blick auf den Regenradar sollt man bei dieser Landpartie um das Blüten- beziehungsweise Obstbarometer unter www.bluetenbarometer.de ergänzen.

BESTER HOF: Eine individuelle Entscheidungshilfe liefert www.tourismus-altesland.de.

AUSRÜSTUNG: Riesenrucksack für frische Früchte und andere Köstlichkeiten aus den Hofläden. Picknickdecke für einen Cider auf dem Deich.

ANFAHRT: Hadag-Linie 62 Finkenwerder, weiter mit dem Rad.

An den Hügel gebaut:
Blankenese

50

Im schönsten Labyrinth der Stadt

Es gibt wenig Orte, wo man sich so gern verläuft wie im Treppenviertel von Blankenese. Denn jeder Weg ist wunderbar und alle enden am Strand.

Der Volksmund sagt: »Mehr als Blankeneser kann ein Hamburger nicht werden.« Aber das war nicht immer so. Speziell das Treppenviertel war über lange Jahrzehnte ein Elendsquartier. Laut Kirchenbuch erreichten zum Ende des 18. Jahrhunderts etwa 40 Prozent der Kinder nicht das zehnte Lebensjahr. Sie starben an Unterernährung, Arbeitsunfällen und Krankheiten. So steht es auf einer der Infotafeln, die kreuz und quer im Treppenviertel verteilt sind. Heute gehören die Adressen, die ausschließlich zu Fuß erreicht werden können, zu den besten von Hamburg. Den teuersten auch. Die weißen Fassaden am Berg lassen nordische Gemüter ebenso ins Schwärmen geraten wie Menschen mit Sehnsucht nach dem Süden.

5000 Treppen über der Elbe

Am Nebeneinander von winzigen Fischerkaten und prächtigen Gründerzeitvillen lässt sich erkennen, dass ab einem gewissen Zeitpunkt betuchtere Leute im Treppenviertel Einzug hielten. Es begann 1867, als die Vorortbahn den Anschluss an Altona brachte. Mit der Bahnverbindung zog es immer mehr Angestellte, Beamte und Kaufleute hinaus ins Grüne. Mehr als 80 Läden boten im Gewirr der Gassen, Laubengänge, Promenaden und natürlich Treppen, Treppen, Treppen ihre Waren an.

Beim versteckt liegenden Treppenkrämer und im Kaffeegarten Schuldt kann man sich noch in die Zeiten träumen, als das Treppenviertel zum Sonntagsausflugsziel avancierte. Wie damals kann man auch heute noch sein eigenes Kaffeepulver mit zu Schuldts bringen und aufbrühen lassen. 1,50 Euro kostet das für zwei Tassen. Unbezahlbarer Wahnsinns-Elbblick inklusive. Hans Leip, der später das Soldatenlied »Lili Marleen« verfasste, dichtete über Blankenese: »Ein Dorf, das wie ein Eden liegt und sanft nach Grog und Flundern riecht …« Von beidem findet man reichlich unten am Strand.

»Down on the Beach«

Sollten mal alle Plätze am Strandweg besetzt sein, schnappt man sich einfach ein Fischbrötchen to go und setzt sich direkt in den Sand. Vielleicht bei den beiden Schiffswracks, die so gut wie alle schon einmal fotografiert haben. Die *Polstjernan*, beim Stapellauf das größte je in Finnland gebaute Holzschiff, explodierte 1926 und dient seitdem am Falkensteiner Ufer als Wellenbrecher. Das Binnenschiff *Uwe* havarierte in einer nebeligen Nacht im Jahr 1975. Öfter als die beiden wurde vermutlich nur noch das Treppenviertel selbst abgelichtet. Der beste Fotospot dafür liegt am Steilen Weg.

Blankenese fühlt sich immer wie Urlaub an.

Robben-Island
Helgoland

51

Zum Einkaufen nach Helgoland schippern

Vom Millerntor schwingt sich die Helgoländer Allee zu dem Anleger, von dem seit fast 200 Jahren die Reise zur Hochseeinsel startet.

Der *Halunder Jet* startet täglich an den Landungsbrücken.

Die Landungsbrücken wurden um die Jahrhundertwende errichtet, um dem expandierenden Seebäderverkehr den nötigen Platz zu geben. Albert Ballins zum Teil überaus luxuriöse Dampfer steuerten an die Nordseeküste, zu den Ostfriesischen und Nordfriesischen Inseln. Geblieben ist nur eine Linie: Hamburg–Cuxhaven–Helgoland. Sie existiert schon seit 1834 und ist bis heute kein günstiges Vergnügen. Aber etwas, das man sich unbedingt einmal im Leben schenken (lassen) sollte. Auch wenn die Schiffspartie mit dem *Halunder Jet*, einem Motorkatamaran, bei Sturm schon mal zu Seekrankheit führen kann. Aber das gehörte zu einer Reise nach Helgoland schon immer dazu.

Diese Reise ist ein Seetüchtigkeitstest

Katamarane sind die Albatrosse unter den Schiffen. Solange der *Halunder Jet* an den Landungsbrücken dümpelt, wirkt er mit seinen zwei Rümpfen nicht besonders elegant. Erst einmal vom Anker gelassen, scheint er aber übers Wasser zu fliegen. Und wenn er jenseits von Cuxhaven so richtig Speed gibt, vielleicht um einen Containerriesen zu überholen, spürt man den Wumms regelrecht im Körper. 35 Knoten, also 65 Stundenkilometer, das ist schon eine Ansage. Und so dauert die Reise heute zehn Stunden weniger als

Einzig Seevögel dürfen auf die Lange Anna.

vor 100 Jahren. Es sind immer noch vier Stunden, bis man die Insel im Wirtschaftswunderlook erreicht. Helgoland ist ein kleiner, roter Klotz im Meer, windzerzaust, sturmerprobt und der einzige Ort in ganz Deutschland, wo man kein Land am Horizont sehen kann. Nicht der einzige Superlativ des Hochseewunders.

»Yo, Ho, Ho & 'ne Buddel voll Rum«

Es gibt keinen zweiten Strand im Land und nur wenige auf der Welt, wo man frei lebenden Robben so nah kommen kann wie an der Helgoländer Düne. Sie aalen sich hier dicht an dicht in der Sonne, ohne sich groß um die Badegäste zu scheren. Wer Heuler liebt, sollte aber lieber im Winter reisen, wenn die Kegelrobben ihre Jungen bekommen. Am Lummenfelsen, gleich bei der berühmten Langen Anna, nisten rund 10 000 Seevögel, unter anderem Möwen, Basstölpel und Trottellummen in Deutschlands kleinstem Naturschutzgebiet. Und dann ist Helgoland auch noch das Piratenschätzchen unter den Inseln, die letzte Bastion der Trinker, Raucher und Schnäppchenjäger:innnen. Seit über 100 Jahren ist die Insel zoll- und steuerfrei. Aber Achtung: Die Freimengen sollten strikt eingehalten werden. Bei der Rückreise wartet an den Landungsbrücken gern der Zoll und bittet Verdächtige, die Koffer zu öffnen.

52

Grundsätzlich Bier bestellen

Und alle anderen Vokabeln vergessen

Wer neu in der Stadt ist, muss sich gewisse Dinge erst einmal abgewöhnen. Etwa die Unterscheidung zwischen Pils und Alt, die sehr seltsame Bezeichnung »Radler« für ein Alsterwasser oder die Existenz von Weizen. In Hamburg wird echtes Bier getrunken. Das nicht zu knapp und an der Elbe gebraut. Denn nur bei uns bildete schon immer Hopfen die Basis und nicht Gagel, eine Pflanze aus der Gattung der Hanfgewächse. Das machte das Bier weiter südlich nämlich zu süß und die Hamburger Sorten zu Exportschlagern.

Lütt un Lütt

1370 zählte man in und um die Hansestadt rund 500 Brauereien. Da kann man durchaus von Expertenwissen sprechen und etwaige Experimente unterlassen. Gut, für die Craft-Szene darf man mal eine Ausnahme machen. Vielmehr oft, denn so schnell wie die formidablen Privatbrauereien aus dem Boden schießen, kann man kaum trinken. Doch das geschieht eher aus Gründen der Weiterbildung. Am Tresen heißt es weiterhin: Bier ist Bier. Und Schnaps ist Schnaps. Außer Lütt un Lütt. Das ist Bier *und* Schnaps.

Ein Pils wird nicht automatisch im Pilsglas serviert.

53

Schwäne ehren

Wappentiere so elegant wie die Stadt

Niemals, wirklich niemals, darfst du einen Schwan beleidigen. So hat es der Senat im sogenannten Schwanenwesen festgelegt und im Falle der Zuwiderhandlung bestimmt, dass »derselbe allen Ernstes willkürlich gestraft werden soll«. Seit 1664 gelten die schneeweißen Schönheiten als Glücksvögel der Stadt. Solange sie über die Alster gleiten, wird es Hamburg wohlergehen. Um das Wohlbefinden der Schwäne wiederum sorgt sich seit 400 Jahren der Schwanenvater. Er bringt die mehr als einhundert Vögel im Herbst in ihr Winterquartier am Eppendorfer Mühlenteich und begleitet sie im März oder April zurück in die Freiheit. Wann genau es so weit ist, verrät die Tagespresse.

Bei ihrem Auszug durch den Haynspark Richtung Außenalster lockt die Schwanenflotte jede Menge Schaulustige an. Denn es ist nicht nur ein wundervoller Anblick, wenn die stolzen Tiere an der Krugkoppelbrücke sich selbst überlassen werden, sondern auch ein sicheres Zeichen: Der Frühling ist da und Hamburg wieder die schönste Stadt der Welt. (Was du zwar denken, aber nie jemandem auf die Nase binden solltest, siehe Punkt 7 auf deiner Bucket List.)

Die Alster ist ein
Schwanensee.

54

Nicht lang schnacken

Besser kurz und gut

Nicht nur Wasservögeln gegenüber, auch ganz im Allgemeinen ist der Ton in Hamburg ausgesprochen höflich. Was andernorts als charmantes Lokalkolorit gilt – die Berliner Schnauze etwa, der pampige Köbes aus Köln oder das Münchner Granteln –, kann an der Elbe nachhaltig verschrecken. Und vor rheinischer Freundlichkeit weichen Hanseaten instinktiv zurück. »Nicht lang sabbeln«, lautet die Devise. Wer gut ankommen will, beschränkt sich am besten auf wenige Worte.

In Hamburg sagt man Tschüss

Im Grunde reichen vier: Danke. Bitte. Tschüss. Und Moin. Wer sie beherrscht, geht als feiner Kerl oder Topgesprächspartnerin mit den besten Manieren durch. Die wichtigste Vokabel ist »Moin«. Und auch die diffizilste. Wer das Wort in die Länge zieht, sodass es nach Mor-jen wie Morgen klingt, erntet eine hochgezogene Augenbraue. Denn Moin hat nichts mit morgens zu tun. Der Ausdruck aus dem Mittelhochdeutschen bedeutet: »schön«, »angenehm«, »gut«. So wie: »Schön, dich zu treffen, hab einen angenehmen Tag und machs gut.«

Home sweat home –
Hamburg

Register

Impressum

Verantwortlich: Claudia Hohdorf
Lektorat: Dr. Barbara Münch-Kienast
Layout: Elke Mader
Umschlaggestaltung: Mathias Frisch, Regina Degenkolbe
Repro: P.R.O. Medien
Herstellung: Alexander Knoll
Printed in Slovenia by Florjancic

★★★★★
Sind Sie mit diesem Titel zufrieden? Dann würden wir uns über Ihre Weiterempfehlung freuen. Erzählen Sie es im Freundeskreis, berichten Sie Ihrem Buchhändler, oder bewerten Sie bei Onlinekauf. Und wenn Sie Kritik, Korrekturen oder Aktualisierungen haben, freuen wir uns über Ihre Nachricht an Bruckmann Verlag, Postfach 40 02 09, D-80702 München oder per E-Mail an lektorat@verlagshaus.de.

Unser komplettes Programm finden Sie unter

www.bruckmann.de

Alle Angaben dieses Werkes wurden von der Autorin sorgfältig recherchiert und auf den neuesten Stand gebracht sowie vom Verlag geprüft. Für die Richtigkeit der Angaben kann jedoch keine Haftung übernommen werden, weshalb die Nutzung auf eigene Gefahr erfolgt. Sollte dieses Werk Links auf Webseiten Dritter enthalten, so machen wir uns die Inhalte nicht zu eigen und übernehmen für die Inhalte keine Haftung.

Bildnachweis: Alle Bilder im Innenteil stammen von Volko Lienhardt und Stefanie Sohr, mit Ausnahme von: Picture Alliance/dpa/Daniel Bockwoldt, S. 40/41; Shanty-Chor-Hamburg e.V. »De Tampentrekker«, S. 62/63; Shutterstock: eyedear, S. 35; Gerckens Photo Hamburg, S. 69; panoglobe, S. 92/93; Steffen Seemann, S. 94; MartinLueke, S. 182; Frank Duehnelt, S. 183
Umschlagvorderseite: Shutterstock/Lapa Smile
Umschlagrückseite: Shutterstock/carol.anne

Die Deutsche Nationalbibliothek verzeichnet diese Publikation in der Deutschen Nationalbibliografie; detaillierte bibliografische Daten sind im Internet über http://dnb.d-nb.de abrufbar.

Infanteriestraße 11a
80797 München

ISBN 978-3-7343-2320-1